U0622282

你所知道99%的
创业知识
都是错的

[澳]丹·诺里斯（Daniel Norris）著　　李文远 译

ZHEJIANG UNIVERSITY PRESS
浙江大学出版社

图书在版编目（CIP）数据

你所知道99%的创业知识都是错的 ／（澳）丹·诺里斯著
李文远译. — 杭州： 浙江大学出版社，2021.1
书名原文：This is the Answer: Advice for New Entrepreneurs
from the World`s Worst Business Coach
ISBN 978-7-308-20758-4

Ⅰ. ①你… Ⅱ. ①丹… ②李… Ⅲ. ①创业—研究 Ⅳ.
①F241.4

中国版本图书馆CIP数据核字（2020）第218301号

This Is the Answer: Advice for New Entrepreneurs from the
World`s Worst Business Coach © 2019 Daniel Norris, published by spe-
ical arrangement with 2 Seas Literary Agencey and CA-LINK Interna-
tional LLC (www.calink.cn)

浙江省版权局著作权合同登记图字：11—2020—438

你所知道99%的创业知识都是错的

［澳］丹·诺里斯（Daniel Norris） 著 李文远 译

图书策划	顾 翔 程一帆	
责任编辑	黄兆宁	
责任校对	杨利军 黄梦瑶	
装帧设计	VIOLET	
出版发行	浙江大学出版社	
	（杭州市天目山路148号 邮政编码 310007）	
	（网址：http://www.zjupress.com）	
排 版	杭州林智广告有限公司	
印 刷	杭州钱江彩色印务有限公司	
开 本	880mm×1230mm 1/32	
印 张	7.375	
字 数	83千	
版 印 次	2021年1月第1版 2021年1月第1次印刷	
书 号	ISBN 978-7-308-20758-4	
定 价	48.00元	

如果我要找某位大咖作序，
那这本书就变得毫无意义了。
请继续往下看吧。

目 录
C O N T E N T S

导　言

　　T.J. 琼斯（T. J. Jones）身穿黑色细条纹定制西装，系着红色领带，自信地站在舞台上，双手放在身前，十指并拢。现在时间尚早，观众们都是来看理查德·布兰森（Richard Branson）演讲的，但他们有足够的耐心先听其他演讲者发言。大部分观众都知道，这是一笔"交易"。门票由那些想在舞台上向观众兜售希望的演讲者出资提供，售价极低。他们将一定比例的门票收入返还给演讲组织方，后者则用这笔钱来支付著名演说家的出场费。

　　琼斯告诉观众，他把很多人变成了百万富翁。他是一名企业教练，那些购买了他课程的学生几乎都在不久后赚到了 100 多万美元。以前的学生们录制了视频，将他们赚到的数百万美元直接归功于琼斯和他的教导。他向观众展示了这些视频，证明自己出色的教学成果。

　　他暂停了一下，邀请下面的某位观众上讲台，开始分析他的肢体语言、性格和生活中的身份。他大部分都说中了，这给观众留下了深刻的印象；他还时不时地把观众们逗得开怀大笑，使演讲得以顺利进行。刚开始大部分观众都对琼斯将信将疑，而当演讲结束后，他在他们心目中的地位骤然提升。

　　他展示了与某位著名说唱歌手合录的视频和其他视频，然后把过去教过的学生请上讲台，其中包括一名身材矮小、书呆子似的白人，一位非裔美国妇女，一位亚裔商人，还有其他各色人等。显然，琼斯教的某些东西跨越了种族和地域，那是一种放之四海而皆准的真理。这些学生都收到了内部通知，也穿着深色

西装，系着红色领带。他们大多事业有成，在琼斯的下一场独家活动中，还要接见更多社会名流。我多么渴望成为他们当中的一员！

琼斯演讲的内容干货很少，只给出少量一般性的商业建议。可正是这些微不足道的建议，帮助他成为如今的百万富翁。这些建议具有一定价值，但如果观众真的想在未来 12 个月内成为百万富翁，他们还需要更多干货。琼斯把这些干货留给了自己的精英策划团队，他是不会在讲台上把它们分享给所有人的。这些知识不那么简单，只有少数人才有资格获得。他们必须有所准备，做琼斯和其他成功商业人士已经做过的事情，并且懂得自我投资。

琼斯告诉观众，他给予他们特别优惠的价格，并列出了所有服务项目和与之对应的价格，包括视频培训、电子邮件支持、从现在开始他所有演讲活动的免费门票、他所创建社区的会员资格、一对一业务规划课程等。但他说，并非所有人都能享受这些服务。绝大多数人会亲手毁掉自己的成就，他们不懂得自我投资，觉得自己不配取得成功。这些项目只适合那些准备好接受答案的人，而不是任何人。只有前50名能够证明自己有足够自信的人，才配得上这些项目；它们只适合那些内心有一团炽热烈火，却从来没有机会发光发热的人。

琼斯称，虽然服务项目总价值高达几十万美元，但今天只收取3997美元。他做了个手势，张开手掌，指向房间左后方，叫观众到那里去报名。会场里开始响起凯蒂·佩里（Katy Perry）的歌曲《烟火》（Firework），观众们都站了起来，他继续推销产品。在中场休息之前，琼斯是最后一个上台演讲的，他故意将报名用的桌子放在靠近出口的地方，到底有谁起身去报名，又有谁去距离最近的厕所呕吐，那就不得而知了。

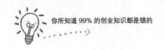

　　绝大多数观众都将信将疑，毕竟他们是来听理查德·布兰森讲故事的，而不是来报名参加某个商业大师的培训课程的。但尽管如此，他还是会卖出那 50 张票，此前他已经这样做过多次，而且总能卖出 50 张票。西奥迪尼（Cialdini）的销售技巧（互惠、稀缺性、权威、一致性、喜好、认同），再加上演讲技巧和大致合情理的故事，现场至少有 50 名观众无法抗拒他的魅力。除去那些持怀疑态度（这也情有可原）的观众，其余人也有可能报名。

　　当然了，如果会场里的一群人认为某个课程值得报名，你也因此去跟风，那这种做法就有可能欠缺理智。

　　我们知道，所有这些人都拥有自己的企业，所以我们可以大胆假设：企业的经营状况并不像他们预想中那么好。

　　他们想知道原因。也许琼斯知道一些他们不知道
的东西，比如某个秘诀。又或者，他们自创业之日起
就心存疑问：为什么其他人比我成功？他们想找到这
个问题的答案。

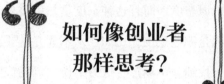
如何像创业者
那样思考？

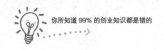

不知何故，我总对那些被滥用的一般性商业建议持强烈的讥讽态度，而且这种态度是与生俱来的。你知道我指的是哪些建议，比如"永不放弃""克服恐惧感""寻找细分市场""努力工作""完善推销辞令"，如此种种。

也许要经过多年的学习和实践，我们才会意识到这些建议是行不通的，或至少会意识到还有其他行得通的方法。

但是，让我们认真思考一个问题：创业者到底是什么样的人？按照谷歌的定义，创业者是"创立一家或多家企业的人，希望以盈利为目标，并承担财务风险"。我不赞同这种说法。首先，许多创业者创造了数百万、数亿，甚至数十亿美元的营业额，却没有盈利；此外，创业者真是那种"希望"以盈利为目标的人吗？我认为不是。

或许《韦氏词典》的解释更合理些，它将创业者定义为"组织、管理和承担商业或企业风险的人"。嗯，不完全是这样。创业者是企业的创立者，而经理人才是负责管理企业的人。

Dictionary.com 网站则将创业者定义为："组织和管理企事业，尤其是商业企业的人，通常具备高度初创精神，且能承担巨大风险。"

的确，似乎人们无法就"创业者"的定义达成一致，但我可以告诉你，那些习惯循规蹈矩或照章办事的人不能称为创业者。仔细研究这三种定义，我们就

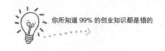

会发现一个关键点：它们都一致认定"风险"是创业者必须要承担的东西。

　　创业者敢于开启一些新事物，而这些事物此前根本不存在。按照定义，新事物之所以无章可循，是因为从来没有人这样做过。管理者可以照章办事，但创业者不能。创业者站在风险的最前沿，将自己带向未知领域。

　　风险有可能带来巨大的回报，这吸引了很多人参与到创业当中。问题在于，这些人不是创业者，他们不敢承担风险。他们希望鱼与熊掌兼得，既想得到巨大回报，又不想承担风险。他们照单全收心灵鸡汤和一般性的商业建议，因为他们希望在不承担任何风险的情况下获得所有回报。他们希望别人给他们一个现成的答案，而不是接受挑战，创造出一些从未被创造过的东西。

大师的建议能给人以希望，但却起不到任何作用，因为它们没有经过尝试和验证。对于推销梦想的人来说，这是一种非常巧妙的商业模式，但对创业者没有任何帮助；而对于那些不知道自己是否是创业者的人来说，它们同样毫无帮助。

我之所以成为一名创业者，是因为我无法忍受无聊的打工生涯。多年来，我对创业者的看法一直让我怀疑自己是否能成为创业大军的一员。我天生不是一个外向的人，我讨厌销售和搞人际关系；我在商学院的学习成绩也很差。这一切迹象都表明我不适合创业。

事实证明，想成为创业者的人无须具备某些个性特征。当然了，创业也无须遵循古老的模板。创业是一种思维方式，是你内心对根深蒂固事物的不满。你心里在想：也许那些专家们说得不对，也许我有勇气去反其道而行之，而如果我坚持做下去的话，也许能

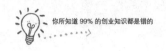

成功一次。

　　如果你想成为一名创业者，就不能盲目地遵循每一条容易引人上当的商业建议。你要创造出自己专属的商业建议；你得自己做出假设，亲自验证，并自行承担风险。

　　总而言之，你必须独立思考，这正是创业者的标志。有了独立思考能力，再加上承担大量风险，反复尝试和犯错，并拥有适当的运气和合适时机，你可能会有所成就。又或者，你可能会不断失败，再次回到原点，怀疑自己是否有能力重新开始这一切。

　　听起来很有趣吧？欢迎你加入创业者的行列。

也许你应该放弃

我如饥似渴地吸收大量创业知识。我喜欢看创业类书籍、播客视频、商业电影，统统都看。我喜欢那些成功和失败的故事，并向商界前辈们学习。

然而，有件事一直让我感到气恼：几乎每一位成功人士或每一句关于成功的名言都过分强调努力工作和坚持不懈的作用。

几乎每个成功人士都认为，在取得成果之前，你必须努力工作和坚持不懈。我一直觉得这种观念很令人讨厌。首先，我们大多数人已经很努力工作了；但更糟糕的是，这个建议可能对你适得其反，“努力工作”和“坚持到底”也许恰恰不是你应该做的事情。

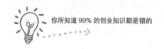

　　我在商业上小有成就，此后我发现，这些成就根本不来自于努力工作。创业者不是运动员，运动员可以反复训练某种技艺，只要假以时日，必定会达到炉火纯青的地步；而创业者身处一个充满风险的世界，一个轻微的、不可预测的偶然行为就可能带来毁灭性失败或辉煌成就。商业上的成功，往往源自你在某个时候所做的小小决定，出于某些原因，该决定会对企业的发展轨迹产生重大影响。从那刻起，一切便势如破竹，成功来得易如反掌。可笑的是，这个决定往往是不再努力工作、不再坚持、彻底放弃。

　　有人告诉我们，要永不放弃和努力工作，但事实上，放弃是最难做到的事情，也是任何创业者必须具备的基本技能之一，可它并没有得到应有的重视。

　　我经营了自己的公司 7 年，那几年我只挣最低工资，却终日忙得不可开交。我几乎从不休假，大多数

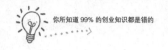

时候每天工作 12 个小时，很少休息，而且有些托管客户经常在周末凌晨 5 点给我打电话！那是我这辈子最努力工作的时期，可我就是无法在那项事业上取得任何成就。

7 年后，我做了一个非常艰难的决定：放弃现有事业，从头开始做其他事情。

于是，我创立了一家软件公司，把我所有钱都投了进去，最后却血本无归。12 个月后，我又不得不做出一个极其艰难的决定，同样放弃了那家公司。

紧接着，我又创立了 WP Curve 公司（专门从事 WordPress 支持业务）。这家公司的规模达到了百万美元级别，几年后被 GoDaddy 公司收购。

经营 WP Curve 公司靠的不是努力工作。我用业余时间打理公司事务，赚的钱却是过去工资的 5 倍。
两年来，我几乎没费什么心思，公司营收每月增长
10%。好的企业就是这样的，它们会自动形成良好增
长的趋势，无须你做太多"艰苦的工作"。

但是，有些想法根本不会形成发展趋势，或者不
具备形成发展趋势的潜力，如果你不放弃这些想法，
就不会有上述体会。

作为创业者，我放弃过很多想法，这事想想都让
人觉得痛苦。在过去的 12 年半的时间里，我启动的
项目或创立的企业数量肯定不下三四十个。它们几乎
都以这样或那样的方式半途夭折；有些项目或企业我
花了很多年心血，并投入了数万美元。我一次次地创
业，直至发现自己运气不错，有两家公司经营得很好。

如果我继续努力工作，坚持不懈，可能永远也不

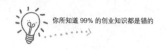

会创立那两家企业。我必须放弃那些糟糕的想法，才有可能发现好的想法。

这就像失恋那样令人痛苦，但也是让你获得另一段更美好恋情的唯一途径。努力工作、坚持不懈、试图解决无法解决的问题，这样做只能事倍功半。当你在错误的事情上努力付出时，越努力、越坚持，反而越得不偿失。

如今，放弃某些想法仍然是不得不做的艰难决定。倘若决策时机掌握得不好，我就会损失不少钱。我在某件事情上投入了所有努力和工作，最后却不得不放弃它，一想到这，我就变得心如乱麻。遇到这种事情的人不仅仅是我。在我的脸书（Facebook）讨论群组中，我总是看到人们致力于实现那些不切实际的想法。我知道问题出在哪里，我也相信小组里的每个人都能看到问题所在，但是没人说出来。我敢肯定，创业者们自己也知道这一点，但要他们承认这点，可不是件容易的事情。难上加难的是，人们不断美化失败和讲述"拼命奋斗""永不放弃"的故事，他们会长年累月去做那些没有成效的项目。

我们不要粉饰失败或赋予其浪漫主义色彩。放弃就是失败，失败令人痛心。

对我而言，那些失败的项目使我能够把注意力放在成功的项目上。项目何时失败，这几乎完全由我决定，所以决定才如此难做。但是，放弃那些失败的项目之后，我在过去三年里创立了一家营业额达六位数的公司和两家营业额达七位数的公司。

说实话，这个决定也没那么难做，而且肯定没有早期做决定时那么难。当趋势出现时，很多事情会突然发生，而且引发趋势的总是一些很小的决定，而不

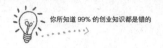

是经年累月的辛勤工作和坚持不懈。那些小小的决定往往需要你放弃一些做不好的事情，并开始做一些可能做得好的新事情。

如果你现在正在做一些不会形成趋势的事情，并且感觉自己已经尽力了，那也许你应该放弃做这件事。

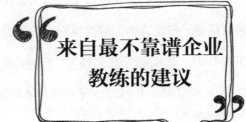

来自最不靠谱企业
教练的建议

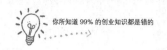

多年来，数以百计，甚至数以千计的人来找我，想从我这里获得一些建议，去解决他们企业所面临的问题。在我有了一些成功经验并将 WP Curve 公司卖掉、出版了《七天创业指南》之后，来找我的人特别多。

"我应该采用哪种公司商标？"

"我应该提供什么样的服务？"

"我是否应该给这个人股份，并让他当联合创始人？"

"我应该租这个办公场地吗？"

"我怎样才能在 Instagram 上卖出更多产品？"

"哪里才能聘请到最好的员工？"

事实上，我不喜欢回答这些问题，而且不惜一切代价回避它们，因为我根本不知道答案！我不是那种靠卖建议获利的商业大师，不懂装懂不是我的作风。

成功的变数实在太多了。倘若有创业者声称自己拥有某种成功的公式，这种人要么有妄想症，要么就是不诚实，或者两者兼而有之。

我花了整整 7 年时间去写内容，并创立了一家网站服务企业，却没有取得任何成就。然后，经历了 5 分钟的绝望时刻之后，我稍微调整了一下想法。两年后，我拥有了一家百万美元规模的公司，并把它卖给了世界上最大的互联网企业之一 GoDaddy，我功成身

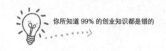

退。如果我说这一切都在我的预料之中，那我肯定在撒谎。但是，人们往往喜欢自欺欺人！

无数创业者喜欢分享他们的成功秘诀，还有更多创业者为需要他们帮助的其他创业者提供指导和咨询服务。帮助别人是件好事，但作为一名创业者，当你认为另一个人拥有所有问题的答案时，问题便出现了。他们没有答案！而如果在他们非常自信、认为自己拥有答案的时候，就更加没有答案了。那些信心满满、认为自己能够为你提供成功公式的人，恰恰最不可能做到这点。别忘了，如果他们对于企业经营如此了解，并且痴迷于创业，那他们肯定会忙着经营自己的公司，而不是总想着卖电子书或成为你的企业教练。

你当然可以向别人学习并寻求建议，但切勿盲目地接受建议。谈到企业经营，你最应该听取自己的建议，因为你是最了解问题根源的那个人，最近研究过这个问题的人也是你；而如果创业失败了，承担一切风险的人同样是你。

　　你的企业遇到了经营问题，局外人可能无法给你提供一个可量化的简单答案。下一次，当你的企业遇到挑战或难题时，不妨这样想：也许没有人真正知道这个问题的答案。这不能说明你消极悲观，反而说明你正在成为一名创业者。

　　我手里没有现成的答案，找寻问题的答案是你的职责，创业者要做的事情正在于此。这事不好办，因为世上没有简单的答案或灵丹妙药；也正因为如此，我们当中不是每个人都能成为创业者。

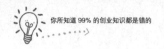

多年来，人们喜欢用简单的句子来总结复杂的事物，这种做法不无道理。"客户永远是对的"就是一个很好的例子。

这句名言最初是由伦敦塞尔福里奇百货公司（Selfridges）创始人哈里·戈登·塞尔福里奇（Harry Gordon Selfridge）于 1909 年提出的。它以一种快速明确的方式来传递这样的信息：对于企业来说，顾客是最重要的。不过，如今它的含义已经变得更丰富了，当今的创业者想帮助客户解决他们所面临的最复杂难题。例如：许多企业教练都热衷于研究"你的理想客户"会说些什么。

1909 年正值福特 T 型车刚刚投产一年。

而这么多年以后，塞尔福里奇百货公司仍长盛不衰，福特公司也一样，那个时代留下来的名言仍如余音绕梁。下面这句名言同样流传甚广，只不过没有证据证明福特真的说过这话：

"每当我问客户需要什么，他们总说要跑得更快的马。"

100 多年前的两句名言在今天仍有如此大的影响力，这确实发人深省。虽则如此，有一点值得注意：这两句名言的含义是截然相反的。我支持假的"亨利·福特名言"。如果客户认为你的产品是最佳选择，他们就会掏钱购买；除此之外，他们无法回答太多你的企业所面临的复杂问题。所以说，把决定权交给客户的想法通常是很不明智的。

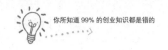

商业大师们虽然拥有多年经验，但他们不知道什么建议最适合你的企业。很多时候，你也不知道什么建议最适合你的企业，否则你也不会忍不住去问客户了。购买你产品的普通消费者不太可能比你知道得更多。事实上，"客户永远是对的"这句格言如今很成问题。企业将客户奉为上帝，导致客户变得非常强势，甚至觉得他们有能力经营企业。但是，客户不了解企业所面临的风险。有时候，为了拯救企业，你不得不得罪客户；有时候，你不得不选择站在员工一边，而不是站在客户一边，因为得到更多的客户容易，得到更多的优秀员工就比较难了。正如亨利·福特所宣称的那样，客户有时候并不知道自己想要什么。

我知道有一句名言是正确的，它来自史蒂夫·乔布斯（Steve Jobs）：

"根据受众需求去设计产品是非常困难的，因为

在很多情况下，人们并不知道自己想要的是什么，你
得把他们想要的东西展示给他们看。"

亨利·福特的名言可能是假的，但乔布斯的这句
名言却货真价实。创业者是幻想家，他们必须预见到
与当下截然不同的未来情形。创业者必须知道，他们
的产品和企业比其他任何产品和企业都要好。客户不
是创业者，他们只是给你提供了一种视角，让你了解
自己当下是否能满足客户需求。但是，客户不是幻想
家，他们不考虑未来，而只考虑解决眼前的问题。

这是你的分内事，不能假手于人。你的职责是了
解客户当下和未来的需求，并思考你的竞争对手、市
场状况、监管环境和其他无数个能够决定你行事方式
的可变因素，比如：确定你需要什么样的员工，在什
么地方营业，采用什么技术，支持哪些业务，提供什
么产品，撤回什么产品，执行什么政策，等等。客户

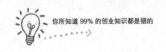

几乎不关心这些事情，而一旦你对他们所关心的事情
做出正确但艰难的抉择，他们倒很可能会生你的气。

　　我极力主张给予客户优质服务。到目前为止，它
仍然是企业实现差异化的最早期方式，也是最容易和
最有效的方式。但是，要为客户提供什么样的服务，
这完全取决于你自己。企业是你的，不是客户的。

　　不要把你的创业者职责推给客户。优秀企业必定
拥有很高的客户满意度，但这并不意味着客户永远是
对的。

创业想法无须
验证

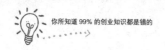

近年来，验证创业想法成为创业圈热衷于探讨的话题。而实际上，这是一种最站不住脚的借口。在精益创业运动大潮下，一些创业者执意要验证自己的创业想法，却忘记了创业者的本质。

我们想把创业者变成科学家，但问题在于，创业者不是科学家。

科学家做实验的资金来自政府。实验费用非常高昂，如果实验失败，他们能学到一些东西；而如果成功了，他们同样能学到一些东西。当资金耗尽时，他们会从政府那里寻求更多资金，从头再做一遍实验。对科学家来说，失败和成功没什么区别。科学家做实验的动机只是在于更深入地了解他们的假说正确与否，因此，任何实验的成功或失败都能使他们更接近这个目标。

对大多数人而言，创业与科学实验不同。创业者找不到无数慷慨的捐助人投钱给他们做实验，因此，绝大多数创业者都面临资金严重不足的局面。当你利用自身有限的资源开始随机验证某些假说时，很快就会花光所有的钱。

不过，还有一个问题更加严重。创业者很少去解决特定难题，正因为如此，创业想法就无法加以验证。

我写过一本关于创业的书，还管理着一个由创业者组成的讨论小组，他们都想把这个问题弄清楚，所以我看到大量这样的例子。经常有人给我留言和发表帖子，要我帮他们验证某些想法。有趣的是，他们要

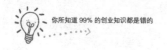

验证的想法都已经被其他人验证过了。

我常听他们说:"我最近发现了一个保洁员市场,我需要验证人们是否愿意花钱让第三方来清洁他们的住所。"其实没必要这么做,因为保洁员市场已经遍地开花了。所以,请记住这个想法已经被验证过,然后乖乖地回去上班吧。

有人说:"我发明了一项服务,能够帮网站制作更好看的图片,所以,我需要验证人们是否愿意花钱购买这项服务。"我劝你还是就此打住吧,实在没必要这样做,因为平面设计师已经存在了数百年。

还有人说:"我有一款软件工具,可以自动管理人们的社交媒体,所以我需要验证人们是否希望他们的社交媒体自动化,以及他们愿意花多少钱购买这款软件。"不,你没必要这样做。一些非常聪明的投资

者已经花了 25 万美元资助 Hootsuite 软件，而该软件
正是用来解决上述问题的。此外，市场上还有其他无
数类似于 HubSpot 和 Buffer 这样的公司从事同样的业
务，它们的营业额规模已经达到了八位数和九位数。
你还需要做多少验证？

　　DropBox 这种优秀企业的成功故事给了他们灵感，
但类似的成功是绝无仅有的，它们扭曲了创业者对成
功的看法。这些例子越来越罕见，倒是有成千上万家
公司也想"验证"自身想法，它们的初衷是成为优秀
的企业，结果却都变成过眼云烟。

　　绝大多数创业者资金不足，他们无法持续不断地
验证自身想法。但他们是幸运的，因为在大多数情况
下，他们不必去验证创业想法。

　　下面，让我们来思考一些规模最大、最具影响力

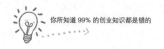

的初创企业做大做强时不得不思考的问题。

特斯拉（Tesla）——人们会买一辆与日产普尔萨尔（Nissan Pulsar）同样价格的车吗？这款车的速度比保时捷（Porsche）快，保养费用几乎为零。是的，我觉得人们愿意买。

爱彼迎（Airbnb）——如果人们可以很便捷地用手机预订民宿，而且这些民宿比酒店房间更大、更有趣，价格也更便宜，他们是否愿意这样做？当然，我们知道他们愿意这样做。

优步（Uber）——如果人们无须等上三个小时，无须冒着被性侵的危险，不会被敲竹杠，不会坐着一辆臭气熏天的车回家，只要按下手机上的一个按键，就会有一名态度友好的司机在几分钟内开着一辆好车出现在他们面前，然后以平常车费 40% 的价格送他们回家，他们愿意购买这样的服务吗？答案不言自明。

　　验证想法已然成为现代创业者的最大借口。与此同时，那些真正扰乱行业、打造了大量知名品牌的人，反而专注于为大多数创业者提供服务，即推销创业者的想法并将其付诸现实。他们无须验证想法，无须别人的认可，而只要埋头工作。

　　对于绝大多数创业故事来说，成功的秘诀不在于创业想法是否够好。我们正在考虑的绝大多数问题通常都是经过验证的，而没有经过验证的问题则是我们能否把想法付诸现实。我们能否让投资人或客户接受这个想法？我们是否能推广这个想法，让人们认可它？我们能否最终改变人们的行为？一直以来，我们只是在自我验证而已。

　　你的想法可能很棒。说实话，也许已经有人将这

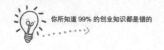

个想法付诸实践了。问题在于，你能否把想法变成一家企业？你不能像一个消极的科学家那样通过胡乱地做实验验证想法，而不考虑成败与否。你要通过创业来实现想法，成为一名创业者。

请注意，你可能没有创业的想法，也许还要为那些有想法的人打工。

因为不是每个人都能成为创业者。

降 价

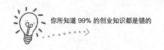

专家们会以"助你成功"为名，向作为创业新手的你反复灌输一大堆耳熟能详的商业真理。一直以来，"提价"是我最喜欢的专家建议之一。

多年来，我在你能想象到的任何地方都会看到这个建议，比如书里、活动现场、创业孵化器、本地的联合办公空间、在线论坛、舞台直播、付费信息产品、免费电子书等。尤其对于互联网创业者来说，它几乎是被普遍接受的商业真理。

我在创业生涯早期就接受了这个建议。当时我刚创立了自己的公司，尝试做较大的网络项目，推出单月价格较高的服务，并出售价格较高的门票会员资格。

这些努力都失败了，直到我大刀阔斧地降价，我的命运才发生了转变。

我注意到，那些告诉我要提高价格的人几乎都是某种类型的顾问，比如网络代理公司老板、销售顾问、项目经理，或者是那些六位数营业额规模的咨询公司的创始人，他们因此而被视为专家。这些人大多数都是天生的销售员，他们推销一个 5 万美元的网站就像推销一个 500 美元的网站那样轻松。

可问题在于，我不是这种类型的人。我只是一名资质平平的销售人员，不想以这种方式推销我的业务；此外，我真的不想创立或打造一家六位数营业额的咨询公司。

我开始从更广泛的范围寻找灵感。我不再听取当地顾问和在线营销专家的建议，而是向创业界寻求帮

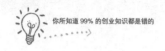

助，以填补这一空白。我开始倾听《本周创业公司》

（*This Week in Startups*）和其他类似播客视频的建议，

令我惊讶的是，它们与专家的建议大相径庭。

《本周创业公司》讲述的创业故事中，大多数公司创始人都在想方设法降价。节目主持人贾森·卡拉卡尼斯（Jason Calacanis）采访并谈及那些资金雄厚的初创公司、成功的投资人，以及那些打造了 7 至 10 位数营收规模企业的创业者。节目里没有出现当地的顾问，而且我从未听到过哪位嘉宾说想靠提价来经营企业。

事实恰恰相反。

我听说亚马逊经营了 20 多年都没有盈利；我听说优步的目标是大幅改善移动体验，同时降低 40% 的成本；我听说爱彼迎的理念是帮助游客更容易找到优质的住宿，同时大幅度降低价格；我还听说埃隆·马斯克（Elon Musk）的梦想是打造一款 35000 美元的汽车，它将比保时捷的速度更快，而且几乎没有任何保养费用。

类似例子不胜枚举。我注意到，这群创业者身上具备某种特质。他们创业的动机不是为了获得短期利润和打造一家舒适的企业。这些家伙成为各大行业的搅局者，他们寻求大规模改进产品和大幅降低产品价格。

听到了上述故事之后，我意识到两点：

1. 最优秀的创业者正在打造最令人兴奋的公司，他们不销售信息产品，也不提供企业辅导服务。我决定从人们所做的事情中学习经验，追踪他们的创业故事，并对任何自称是专家的人避而远之，尤其是那些

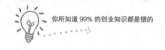

销售信息产品和会员资格的"专家"。

2. 这些创业者切切实实地在创新。创新会使价格下降，而不是上涨。

我听"专家"们说过类似这样的话："不要因为当下别无选择而降低成本。相反，你要提高价格！"

他们并没有意识到一点：当下你也可能只剩下提价这条路。竞争无处不在，如果提高价格是你唯一的创新手段，那么竞争对手就会打败你。

但"提价"这一选项更具破坏性，因为它被作为一种解决复杂问题的简单方案摆在天真的创业者面前。既然解决方案有了，他们就不再担心这个问题。然而，如果你的最终目标是通过创新降低价格，那就永远不可能停止思考这个问题。

创新是创业精神的核心。我认为，创业者介于销售人员和发明家之间。销售人员总想赚更多的钱，但会因此而丧失创新动力。发明家总是想要创造更多新事物，但在大多数情况下，他们都缺乏资金。

创业者正好处于两者中间。如果你想发明一种能改变世界的事物，却没有制订任何靠新发明赚钱的计划，那么你就不是一名创业者。

反过来说，如果你打算继续提高价格，却没有任何创新性的想法，那么你同样不是一名创业者。

我向你提出挑战。你要创造一种更好的产品、更好的体验、更好的品牌，以及更低的价格。这就是创业精神。

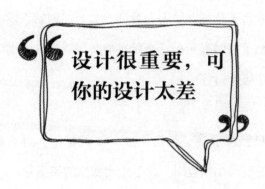

我每天都能在脸书上看到一篇公司创始人发的帖子，帖子同时展示出三个版本的公司商标，并询问网友哪个版本最好。

我已经学会了忽略其中 90% 的帖子，可当我觉得有必要做出回复时，总是给出相同的答案：

1. 你列出的每一种设计都很糟糕。

2. 你的朋友对设计一无所知，你为什么还要向他们寻求关于设计方面的意见？倒不如请他们提供一些关于体检和法律方面的建议。

3. 无论出于何种原因，向自己朋友炫耀三种版本商标的做法都是错误的。

4. 我的意见真不重要，因为你显然对设计一无所知，你的设计师也是如此，所以设计方案的好坏最终取决于你们两个人，而这样的设计肯定很糟。

我是个没有设计天赋的人。我从来没有亲自设计过像样的东西，但和绝大多数人一样，我总认为自己懂得欣赏设计。

问题在于，大多数人都不懂设计。他们公司的商标和网站的设计就证明了这点，而他们持续寻求外部验证的做法则确认了这点。

正如《本周创业公司》节目主持人贾森·卡拉卡尼斯在 2012 年所说的那样，我们生活在一个卓越的

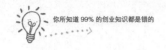

时代。你不能再假装下去了。产品很重要，服务很重要，评审很重要，设计很重要，所有事项都重要。任何客户都不会告诉你，他们并不是因为你的设计而跟你签合同的。没人会承认这点，但他们确实是这样做的。他们潜意识地将你的解决方案执行能力与他们所面临的问题和主要竞争对手的解决方案执行能力进行对比，然后选择最佳合作伙伴。

优秀创业者普遍都是设计驱动型的。看看史蒂夫·乔布斯吧，为了实现苹果公司的愿景，他与乔尼·伊夫（Jony Ive）在产品设计上不懈工作着；再看看特斯拉公司，埃隆·马斯克聘请了一些重要的设计人员，他们把大量理念和设计才华融入他的汽车、火箭、隧道乃至太空服样品当中。埃隆看不上的设计，是绝对进不了太空的！

世界最优秀的初创公司首先会雇用世界级设计

师，它们甚至给设计师提供了大量股权，并且往往让设计师加入创始团队。

然而，仍有无数的创业者在脸书上发布三种设计概念图，希望借此解决他们在设计方面遇到的难题。

大多数创业者不重视设计。以下是我目睹的一些事情，它们足以说明创业者对设计行业缺乏重视。如果你发现自己也这样做，那你就知道自己属于哪种类型的创业者了。大量创业者不重视设计，这对于任何想要脱颖而出的创业者来说也是一个机遇，他们有机会加入那些视设计高于一切的最优秀创业者之列。

你对优秀设计一无所知

如果你不懂何为优秀的设计，就不可能为你的公司打造一个出色的品牌或网站。大多数人通过研究朋

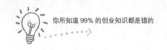

友的企业来获取设计灵感，这种想法简直糟透了。其实你的朋友对设计也一无所知。

我建议你看看世界上那些最优秀的初创公司，仔细分析它们的公司名称、标志、图案、字体，它们与客户互动的方式，它们所使用的词汇以及所有细节。

追踪你所在细分市场之外的行业发展趋势，倾听设计大师的访谈内容，在众筹平台 AngelList 上看看顶尖的初创公司是如何设计它们网站的；学会热爱建筑学，并分析你最喜欢的有形产品。

很快你就会发现，你朋友的网站并没有你想象中那么好。你还会发现，简单的设计比你起初的想象复杂得多。三流设计师会加入很多元素，满足你的一切需求，设计出来的东西却无比别扭，令人感觉很累赘。设计大师会去除大部分元素，只专注于某一点，让人感觉很简洁优雅。

你是否注意到，每当苹果公司推出新产品时，全世界都会抱怨它缺少某种功能？当苹果推出没有后退按钮的键盘时，人们在抱怨；当苹果推出不带光驱的 MacBook Air 时，人们在抱怨；当苹果推出不带 USB 驱动器的 MacBook 时，人们在抱怨；当苹果推出不支持闪存的 iPhone 时，人们又在抱怨；当苹果推出不带耳机插孔的新款 iPhone 时，人们还是在抱怨；当苹果推出无线耳机时，顿时引来一片嘲讽！

可是，就像罗比·威廉姆斯（Robbie Williams）所说的那样："不要跟普罗大众做口舌之争。呃，你也可以逞口舌之快，但错的那个人终究是你！"

上述产品后来都成为革命性的产品，它们最终使苹果成为世界上市值最高的公司。这是因为苹果拥有

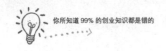

一种设计文化，而这种文化源自那位痴迷于设计的创始人。苹果聘请世界上最优秀的设计师，因为这些设计师都想为苹果工作。那些牢骚满腹的顾客不明白这一点，因为他们不懂设计。

简约设计若能实现，则会带来更大价值。可惜人们不明白这点。

有人聘请廉价的设计师

刚开始创业的时候，如果你不想花太多钱去设计公司商标，我猜想你会求助于某个设计竞赛网站。也许你没有意识到，世界级的设计师供不应求，他们不会为了赢得区区 200 美元奖金而向商业网站提交公司商标。无数人愿意花 5000 美元或 10000 美元请优秀设计师为他们设计商标；还有无数人为了让世界上最好的设计师加入公司，不惜给他们支付几十万美元薪水，并将公司的大量股权赠送给设计师。

实际上，只有两种方法可以避开这个陷阱。你可以花钱请一位优秀或伟大的设计师；而如果你手头的项目较小，资金不充足，则完全不必采用定制化设计。大多数设计师无法做到既擅长设计品牌或网站，又擅长设计可用的最佳主题。创业者最好采用一个设计精美、不带任何商标的高级主题，而不是采用糟糕的设计方案。

企业更成熟之后，你就可以多花点钱打造你独有的、世界级的品牌。在此过程中，千万不要请一名不入流的设计师来为你设计一个更不入流的品牌。

有人听取错误的建议

有些创业者将自己的设计理念发布在脸书上，让

别人评头论足。如果你也是这种创业者，请就此打住。如果你要找治疗便秘的方法，肯定不会上脸书求助；你也不会在脸书上要网友帮助你制订防猥亵计划。这些事情有专家在做，你敬重这些专家，因为你认为这件事很重要。

如果你认为设计很重要，就会咨询专家。

我还经常观察到另一种现象，那就是让研发人员做设计。研发人员是研发人员，设计师是设计师，既能做研发又能做设计的人凤毛麟角，犹如独角兽或有人情味的律师。我敢肯定，这种人确实存在，只是我从未见过而已。

最重要的一点：不要让那些不懂设计的人帮你选择设计方案。

设计过程存在缺陷，或者根本没有设计过程

大多数糟糕的设计源自一个糟糕的设计过程，而该过程由一名缺乏自信的设计师主导。他会从你那里拿一页简介，然后扔给你3种设计构思，鼓动你把它们发给朋友和顾客，请他们提意见。自信的设计师从不这样做。

能不能从客户那里得到关于设计的反馈，这对你来说并不重要；你也没必要分别找人检验你的设计。设计是不能量化的。

合理的设计过程恰好相反。通过调研之后，设计师理应对你的企业和客户有着深刻的了解。他们应该知道你的主张，喜欢什么形状、图案、材料和纹理；他们应该知道你在乎什么、激励你员工的动力是什么以及公司主张什么。他们应该用过你的产品，而且对

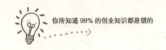

它了如指掌；他们应该知道你的履历、你的出身和愿景。不过，他们也应该知道你的局限性。平庸的客户是产生平庸设计的最大原因之一。当设计师知道了关于你的所有信息之后，就可以开始思考如何设计出适合你的东西。

但是，设计师们不应该孤立地做这件事，你也应该了解他们。你应该知道他们使用什么工具，他们的灵感来自何方；你应该对设计、架构和网页设计有所了解；你应该有最喜欢的公司、最喜欢的产品和最喜爱的外形；你应该深入了解竞争对手，当他们做出购买决定时，你应该能够像他们那样思考和感受；你应该有自己的愿景，不被某个日常事务缠身的设计师所左右。最重要的是，你应当了解这款设计的商业背景，不能任由设计师们为了追求创意而偏离主题。这是你的企业、你的产品，而品牌是你所为之奋斗的一切，不要假手于人。

如果说这听上去就像一场残酷的侵略战争，也许就是如此。有时候，设计就像战争般残酷。

有时候，你会听从设计师的建议；而有时候，你会与设计师争执。设计可能是一个充满压力的过程，也有可能是一个神奇的过程，所有一切都进行得非常流畅。又或者，90% 的时间里，它都是一帆风顺的，最后 10% 的时间里却完全变成了"地狱"。掉入"地狱"之前，千万不要停下脚步。设计并不总是一帆风顺的，我们不要纠结于一城一池的得失，而要夺得整场战争的胜利。

一个好的设计过程，80% 的时间用来挖掘题材，20% 的时间用于设计。倘若某个设计抄袭了竞争对手的网站，或者你聘请了廉价的设计师，他们扔给你三个糟糕的设计构思，要你向那些非设计专业的朋友征求意见，那这个设计在开始之前就失败了。

创造力不是一切

哦，不，又来了。你已经选择了一个不错的主题，只想对它稍微做些调整。或者你已经找到了工具，只想把自己公司的标志简单拼凑在一起，这种情形更糟。

拜托，千万别这样做。请对设计行业表现出多一点尊重，让专业人士去做这件事。

我坚信每个人都有创造力，但技巧也很重要。顶尖设计师的生活长年累月围绕着设计展开，他们拥有的不仅是一双巧手或使用软件的技能，而是整个人生都已经融入了设计之中。他们既懂得欣赏其他领域的设计，又拥有其他项目的工作经验，他们人生的每一天都在设计中度过。

再强调一遍：这并不意味着设计师对你的企业了

如指掌，能够在你没有提供信息的情况下确定设计方
案。不过，这也确实意味着他们已经得到了你对设计
师职业的尊重。

光有创造力无法完成设计。

设计是一个复杂的过程。

设计不是偶然发生的，也不是你可以从电子书中
获得的技能。请尊重设计专业，因为你没有这种技能。

总之，在没有对设计进行深思熟虑之前，千万不
要开发产品或给原材料打上品牌，这点很重要。在追
求卓越的时代，这是创业者的一项核心技能。

投资人不是
洪水猛兽

最近，我偶然在脸书上看到另一篇帖子，发帖人在纠结是否要为自己的企业引入投资人。当然，帖子下面全是一边倒的负面评论，比如："别这么做！""你不需要投资人""要自力更生"。

不知何故，我经常遇到持这种态度的人。我完全支持人们在网上分享自己的观点，但我想知道，人们究竟是否因为无知而提出这样的观点。

我们这个时代，自力更生的创业者不在少数，他们敬仰那些白手起家的行业巨头以及著名品牌（它们几乎都有外部资金支持）。但不知何故，我们对引入投资人的做法却不屑一顾。

　　这些年来，我一直倡导企业要自力更生，而我的运气也不错，自主创立了一家百万美元级别的企业。但我依旧认为，投资人并非洪水猛兽，自力更生也并非创业的唯一途径。如果我不这么想的话，那简直与白痴无异。在我创立百万美元级别的公司时，有些创业者的企业营收已经达到千万美元、上亿美元，甚至数十亿美元！这些企业绝大多数都引入了投资人。没有投资人，它们就不会存在，或至少达不到当前的成就水平。

　　"增长黑客"是目前的一个热门话题，它让每一位创业者及其追随者认为他们可以靠走捷径的方式创建大公司。但现实是，企业高速增长的代价极其高昂。"颠覆"不仅仅是一个时髦用语，颠覆者往往需要以更低的价格、更有效的方法干净利落地打垮现有企业。这是有代价的，而付出代价的人往往是投资人。

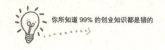

　　顾名思义，"颠覆性"的创新者是不可能获得巨大利润的。别忘了，如果你所在行业如此有利可图，那么其他企业就有大把机会进入该行业并颠覆你。

　　通常情况下，想要打造一家高速增长的伟大企业，就得在相当长的一段时间内忍受无利可图的现状。

　　我记得，当我第一次被介绍给网络营销人员和个体创业者的时候，他们都把亚马逊当作笑柄一样谈论。亚马逊连续亏损了 20 年。倘若从创业伊始就能赚到钱，你还会忍受亏损吗？

　　事后看来，答案是显而易见的。你若安于打造一家赚钱的小公司，就不会成为世界上最富有的人。

　　我有过这样的经历。我创立了黑啤酒花酿造公司（Black Hops Brewing），并引入很多投资人。如今，我们已经有30多个投资人，还启动了一轮股权众筹，投资人数量可能会增加到几百人，甚至数千人。

我以前也不赞成企业引入投资人，因为说实在的，我根本不知道怎样才能获得投资人的青睐。过去，从未有人对我的公司表现出投资意向，我们公司目前的投资人完全是在迫不得已的情况下招揽的。投资人向我们公司投入了数十万美元，但我们也为此付出了数百万美元的代价。没有投资人，我们就无法生存下来。

黑啤酒花酿造公司比我以前创立过的任何公司的规模都要大得多，且市值要高得多。当然了，我没有它百分之百的股权，但我对投资人的看法始终不变。我出让了 WP Curve 公司 50% 的股权，因为我认为拥有 100 万美元的半数金额比全部拥有 10 万美元要好得多。黑啤酒花酿造公司也是同理。我们自身能力有限，所以要通过出让大部分股权来实现更高目标。我

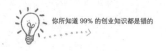

们手上的股权比重虽然比较小，但价值要高得多。

我认为，人们对于投资人的鄙夷态度大多源自一种对商业的基本假设，而这种假设是错误的，它认为：如果你的企业经营得不错，就能提供足够多的现金来赚取利润；而赚到的利润可以用来奖励企业创始人。如果企业不奖励创始人，那就表明业务做得不够好，引入投资人只会让情况变得更糟糕。

如果你也这么想的话，请允许我问个问题：你能说出一个你非常喜爱，但完全没有外部资金支持的品牌吗？

也许你会说："Basecamp 就是啊。"但在说这话之前，你可能有兴趣知道一件事：这家传说中自力更生的企业实际上已经将其部分股权卖给了一位外部投资人，而且巧的是，这位投资人正是世界首富、亚马逊创始人杰夫·贝佐斯（Jeff Bezos）。

事实上，在大多数情况下，若把 100% 的注意力集中在短期利润上，就会使其他事情受到影响，而这些事情最终会带来更高价值。

倘若从创立伊始，你的公司就能够盈利，这也许表明它永远不会产生太高价值。自由职业来钱快，但永远无法得到投资人的青睐，而且你永远无法出售业务，因为这种业务一文不值。

如果你想创立一家企业，而这家企业最终让其他人产生收购的欲望，那它可能不会从一开始就赚大钱。

不是每家企业都需要引入投资人。我看到很多人都在争论自家企业是否需要投资人，但我认为，投资人根本不会投资他们那种企业。这是一场没有最终结

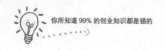

论的哲学辩论。那些人正在创立一种实际上毫无价值的小作坊式企业，他们却对此一无所知。如果你的企业能够吸引外部投资，也许这并非不祥之兆。

引入投资人意味着你要卖掉企业的部分股权。如果你无法卖掉部分股权，那企业的真正价值在哪里？

没有人能够永远拥有自己的企业，所以，任何创业者的终极目标都应该是在某个时间点将企业卖掉。如果你不想做如此长远的打算，那倒也无妨。但是，如果你确实想放眼未来，并考虑谁有可能会买下你的企业，那么，现在就卖掉企业部分股权的想法难道有错吗？

对于某些企业来说，在某些情况下，它们是需要外部资金的。有人想把钱投入你的企业中，并拥有部分股权，这是个好兆头，说明你正在创造一些有价值的事物。也许你有着长远的眼光，而且有能力让别人相信你的眼光。这并不是件坏事。

如果你是一名自力更生的创业者，其他创业者会告诉你如何才能自食其力。千万不要太受他们影响。你志向远大，不满足于为自己创造合理收入，这很好；你想冒更大的风险，这也没任何问题；而创业过程中，在必要时寻求外部投资，这同样是行得通的做法。

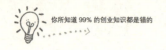

一代又一代人在成长过程中都有自己崇拜的偶像，可当偶像幻灭之后，他们的精神往往会彻底崩溃。如今，你不必费太大力气就可以遇到这种人。

俗话说得好：永远不要见自己的偶像。这句话不无道理，因为如果你花大量的时间去崇拜一个你从未见过且对其一无所知的人，结局可能不太美好。

然而，人们认为崇拜偶像是完全可以接受和正常的做法，我觉得这种观念很奇怪。有时候，我被其他商界人士视为导师，这个头衔一直让我感到不太自在。在大约 10 年时间里，我对各种商业话题都直言不讳，而多年来，我还输出了大量互联网内容。头三四年里，没人注意到这些内容。从 2009 年到 2012 年，我写了成百上千篇博客文章，却只有一两篇帖子能够引起人们注意。

从 2013 年起，WP Curve 火了，情况开始发生变化。我在生意上取得了些许成就，突然间每个人都想听到我的言论。我继续输出大致同样的内容，却收获了无数热评。我写了一本书，名为《七天创业指南》，卖出好几万册。然后我写了第二本、第三本、第四本书。经常有人邀请我发表演讲；我还出现在数百个播客视频上，其中包括一些规模相当大的商业播客，比如帕特·弗林（Pat Flynn）的"以多种方式增加被动收入"（Mixergy and Smart Passive Income）。

那个关于我如何创业并善于经营企业的故事开始流行起来，突然之间，我变成了一位商业大师。每次参加活动的时候，我都会遇到很多仰慕我的人，他们

希望我能指出他们企业存在哪些问题。我真心为他们感到难过，因为我帮不了他们。我自己的企业就面临着数以百计的问题，能够解决其中的一两个，我已经觉得自己够幸运了。但对于他们所面临的问题，我实在爱莫能助。我确信，很多慕名来找我的人可能会很失望，这让我想到一个问题：他们当初为什么要仰慕我？这样做对他们有用吗？

我们都有过类似体验。作为旁观者，我们从某种角度看待事物；而一旦身处其中，我们又以另一种全新的眼光看待它。

在我看来，任何使创业者偏离本分的事情都是不值得沉迷其中的。作为一名创业者，你的职责是解决自身企业的问题；而如果你足够幸运，在企业内部找到志同道合的人，那就和他们共同解决这些问题。

　　我坚信，如果我的啤酒厂业务出现问题，我的联合创始人埃迪（Eddie）和戈夫斯（Govs）给予我的帮助将比埃隆·马斯克给予的帮助更大。我觉得这才是正确的思维方式，最终承担责任的人是你自己，别指望某位"大师"能够帮你解决难题。

失败不是目的

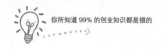

通过讲述创业失败的故事，我不仅成就了一番事业，还过上了无比精彩的生活。2012 年，经过 6 年创业之后，我破产了。2011 年，我损失了 8 万美元，那是我的全副身家（退休金不包括在内，但退休金几乎为零），我又得重新找工作了。房子已经还不起贷款，我只能把它卖掉；公司没有产生任何效益，我也只能卖掉。

我被诊断出患有抑郁症和焦虑症，同时还要接受多动症的治疗。那时我初为人父，但不久以后，我便与结婚 13 年的妻子离婚了。

我开始在网上分享自己的收入报表，我觉得这个创意不错。如今我喜欢开玩笑说，我在 2012 年贴出的是单纯的"报表"，因为上面没有收入。

我现在仍然记得那种感觉。当时，我的孩子已经到了会问"爸爸做什么工作？"的年龄，我很担心他们对我的看法。我迷失了自我。此前的 6 年里，我一直告诉朋友和家人，我是一名创业者，那我究竟为什么要找工作呢？

抱歉，我不应该发泄情绪。但是，当你要讲述一个关于失败的故事时，就必须讲出你的感受。你不能只提供事实，真情实感才最吸引人。

失败的故事扣人心弦，而问题正在于此。尽管创业失败的故事成就了现在的我，但我还是担心这个故事实在太吸引人了。

决定写这本书的时候，我在脸书的"七天创业"群组发出了召集令，向那些拼命想取得成就的创业者们征集故事。我收到一个人的留言，说："你应该去找当地的一位创业者法拉斯·伊德姆（Faras Idham），他非常努力地打造一家本土运输企业，但那家公司最终还是倒闭了。"我回复说，那不是我真正想要找的故事，于是她又向我推荐另一名创业者。她说，那可以去找"简·奥布赖恩（Jane O'Brien）。她非常努力地工作，存了一大笔钱，后来推出了一个几乎家喻户晓的健身品牌，但最终还是以失败告终，投资人的钱也统统打了水漂"。

"很抱歉，"我说，"我得实话实说。其实我要找的不是关于创业失败的故事，而是成功的故事。"她想不出还有哪些创业成功的例子。

我很清楚失败的作用，况且我自己也写过一些文

章，论述失败的好处。但令我感到焦虑的是，如今的
创业者听说了太多关于失败的故事，他们已经忘记了
一点：失败其实不是创业的目的。

人们将失败视为成功的通行证，在每个成功的故
事中，失败是必不可少的要素；任何创业者都要经历
低谷期，如此才有助于人们产生共鸣。当下正处于谷
底的创业者，可以将自己与那些经历过低谷的成功者
联系起来。

像 J.K. 罗琳（J.K. Rowling）这样的人很了不起，
她曾经历过低谷期，后来东山再起，成为世界上最富
有、最成功、最著名的作家之一。成功的故事激励人
心，所以我们传颂它。

可是，那些仍在谷底挣扎的人过得怎样？还有那
些享受谷底生活的人呢？假如这些失败的故事培育了

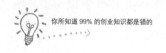

一群痴迷于失败的创业者，导致其忘记了创业的最终目的，那该怎么办？创业的目的当然是获得成功，而非失败。

在创业失败这件事上，我所遇到的最大难题在于：我们总以为创业者真正知道成功或失败的原因。这与一般性创业建议带来的难题一样。

人们认为，如果失败了，你可以从中学习并继续前行。但以我的经验来看，有时候失败起不到这样的作用。事实上，这个观念大多数时候都行不通。你可以分析事情做不好的原因，甚至接受失败，做一个失败者；又或者，你可以接受失败的事实，继续努力，并最终取得成功，这种结局是最理想的。如果你过度关注失败，注意力就会偏离真正的目标，而我所谓的"真正目标"当然是避免失败。

　　成功也存在同样的问题。有时候，你会遇到极佳的成功时机，可恕我直言，它并非源自你可以模仿的某种策略，只不过是一系列幸运事件形成的结果罢了。

　　以我为例。在屡次创业失败后，我经历了人生的最低谷。此时，一系列极其幸运和意外的事件发生在我身上。我想要的工作一份都没应聘上，于是我在 7 天时间内创立了一家为 WordPress 提供支持服务的公司。两年后，它变成一家百万美元级别的公司。不久，我与一家跨国企业举行了一次会议，该企业最终收购了我的公司。开会那天，正好赶上我们的啤酒厂开张。又过了两年，啤酒厂发展成为一家数百万美元级别的企业，市值远高于上一家公司。我把自己的 7 天创业故事写成了 5 本书，而在过去的 3 年里，光是我的个人品牌就给我带来了几乎 6 位数的被动年收入。

　　这个故事很动人，编是编不出来的。但我一直想

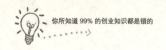

提醒自己：故事的主旨不是失败，而是我战胜了失败。我不希望这样的失败发生在任何创业者身上，而且我认为，我们不应该赞美失败。

失败是这个故事吸引人们的原因，但我们真正追求的是成功。只要不忘记这点，你就能从中受益。

不要被那些绘声绘色的失败故事分散注意力。

要敢于庆祝成功。

失败不是创业的目的。

成功才是目的。

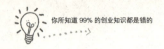

事情顺利时，一切水到渠成；事情不顺时，面对困难也会越来越多。这正是商业最无情的一面。

倘若你的企业频频遭遇失败，你的日子不会好过。你觉得自己干得不错，事实可能的确如此，但无论你做什么，都无法改变任何事情。你改进产品、提高自身工作技能、与客户交谈、看书、更改定价，所有事情都干了，但成功就是与你擦肩而过。

另一方面，当事情顺利时，无论你犯多少错误，事情都会朝正确的方向前进。你搞砸了一些工作、错过了几笔交易、在错误的事情上浪费时间、注意力涣散，但事情仍朝好的方面发展。

作为创业者，我在日常生活中常常同时经历这两种情况。去年，我看到我的个人品牌几乎消散殆尽，我的在线社区管理不善，于是我将它关闭了。我没有出新书，现有图书销量也大幅下降。不过，我的主业黑啤酒花酿造公司业务一直蓬勃发展，那是我业务做得最好的一年。

我决定不再依赖个人品牌，这个决定可不容易做。时常有大量的社交媒体帖子和外部权威人士告诉我，我应该保持个人品牌。但事实上，黑啤酒花酿造公司就好比一列货运列车，它正在加速远行，而我的个人品牌正在消亡，我决定专注于那些有发展趋势的事物，放弃一些拖后腿的东西。

在创作第一本书《七天创业指南》之前，我曾尝试过写另一本书，名叫《趋势》（*Momentum*）。那本书最终没有写成，但这没有改变我对于趋势的思考。

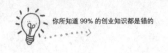

趋势是商业中最强大的力量，多数失败都可以归结为人们逆势而动，而多数成功可以归结为人们顺势而为。

世人把"努力工作"奉为行为准则，但它并不总是那么有所助益。有时候，事情并没有那么难；而如果事情真的很难，那可能是个坏兆头。不要把事情想得很难，不要美化那些困难的事情。相反，要留意那些容易的事情。你再努力工作，也敌不过趋势的力量。你的目标应该是发现趋势，使你的企业沿着趋势自主向前发展，而你的职责就是确保没有什么能阻挡这种趋势。

> 不要为了卖产品而创业，但企业一定要有畅销产品

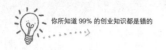

在我目前所处的精酿啤酒行业中，成功的公司往往被大企业收购，这是很常见的现象。当这种情况发生时，各家精酿啤酒公司会出现一阵骚动，谈论"出售股份"的问题，然后这些公司的销售业绩受到冲击（至少在短期内是这样的）。

正因为如此，一直有人在问我们两个问题："游戏何时结束？""你们打算出售公司吗？"疑问来自我们的客户、粉丝、记者、员工、现有和潜在投资人。

作为创业者，我已经记不清被问过多少次这两个问题。每当有人问起，我都会想：谁在创业时一心只想将来把公司卖掉？也许这是创业的一种思路，但我想不起来熟人当中有谁这样干过。问这两个问题的人一般不懂创业的过程。通常情况下，企业主满怀激情地创立一家公司，如果一切顺利的话，公司会迅速发展起来。此后的某个时间点，企业主有可能会出售公司，可能性的大小取决于他们在创业过程中倾注了多少心血和汗水。有时候，买家提出的条件让他们难以拒绝；有时候，企业主仅仅是为了另起炉灶而出售公司。我认为，他们大多数时候无法为企业的发展提供充足资金，所以出售企业成为唯一可行的选项。但出售企业从来都不在创业计划当中。如果这是预先计划好的，别人会从一开始就看穿你的意图，我创立的那些以故事作为驱动力的公司尤其如此。你的创业计划应该是建立一家伟大的企业，为客户创造价值。

　　总之，你要疯狂地创业，从不考虑将来某天是否会出售公司。这就像买房子一样。倘若你在一个普通的小区里买下一幢风格奇特的房子，那是不明智的做

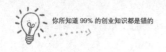

法。你不能仅仅因为房子造型新奇而买下它，却不考虑这幢房子是否有升值潜力。当然，你可能不打算把房子卖掉，而且你可能认为自己永远不会卖掉它，但即便如此，这也是一笔巨额投资，所以你希望它将来比现在更值钱。

创业堪称最大的投资。即使你没有投入数百万美元作为启动资金或自降薪资，你也永远拿不回自己投入的时间。正如菲利克斯·丹尼斯（Felix Dennis）所说的那样，"此刻的我们比未来任何时候都更富有"，因为时间才是最值钱的东西。为了创业，你将耗费生命中的多年光阴，而这些时间将一去不复返。所以，当你离开人世时，要觉得这辈子没有白过。如果你把企业当作一种可以买卖的商品，那它就变得一文不值了。

我一直想知道我的企业到底值多少钱。估算企业

价值的方式就是募资，可我不推荐所有创业者都采用
这种方法。换言之，募资就是把企业的一部分股权卖
给投资人。创业者和企业估值专家并不擅长估定新创
公司的价值，但是，如果投资人愿意以某个估值对企
业进行投资，那么你就知道企业是有一定价值的。

即使你决定不募资，你也要对自己品牌的最终价
值有所了解，千万不要低估此举的重要性。研究其他
企业的融资情况和退出战略，以批判的眼光将你正在
打造的企业与其他已经经过估值的公司进行对比。创
业不仅仅是为你自己获取丰厚薪资的一种方式，任何
一家企业都应该致力于成为一个有价值的品牌。也许
你觉得自己永远不会把企业卖掉，可事实并非如此，
任何事物最终都可以以这样或那样的方式出售。你最
好现在就了解企业的价值，这样你就不会浪费多年时
间去打造一些毫无价值的东西。

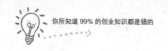

大多数创业者高估了他们企业的价值。如果你停止工作，你的企业就会停止经营，那它就值不了多少钱。企业易主之后，很难再保持之前的有序经营。

就我而言，我希望我们永远不会出售黑啤酒花酿造公司，除非我们不再想从事啤酒酿造工作。但无论如何，从我们创立这家公司之前开始，我就一直致力于打造某些有价值的东西，而在经营企业的过程中，我也见证了企业市值最高的时刻。

不要寻找细分
市场

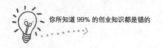

在你创业的时候，每个人都会告诉你，要把产品卖给一小群消费者。换句话说，就是找到一个细分市场，为特定买主提供优质服务。在我所从事过的行业里，这几乎是个被普遍接受的真理。

多年前，我活跃于在线营销／互联网营销行业。那些年里，别人给我提供了很多经过实践检验的商业建议，而被提及最多的建议莫过于"寻找细分市场"。这句话听多了，实在让人觉得很厌烦。甚至有种极端的说法，称"深入细分市场，细分细分再细分"。

无论当时还是现在，我都不赞成这种观点。我认为，所有有价值的公司都是为大众市场服务的，在企业从小到大发展的过程中，你不一定要寻找细分市场。事实上，耕耘细分市场往往有碍于企业的发展壮大。

人们普遍认为，企业要从细分市场开始建立一个忠诚的客户群体，然后自然而然地发展壮大，走出小市场，去寻找一个更广阔的市场，这是合理的做法。

在我看来，这个建议引发的麻烦大于它带来的帮助。我发现，很多创业者成功占领了细分市场，但他们的企业最终遭遇瓶颈，没有抓住行业发展趋势，从而影响企业的生产力、增长速度和动力，导致创业者开始怀疑自己的策略是否正确。这些企业多数停滞不前，且多半会倒闭，因为它们的创始人已经感到厌倦和不满，只能另觅出路。

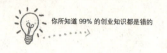

我所崇拜的一位互联网大咖曾经说过，"水下武士刀培训"是一个足够大的细分市场。

现在，每当我回想起那时候的创业者、他们的公司以及他们现在所从事的行业，尤其想到有多少人能够发展壮大、有多少人仍停滞不前或者已经彻底离开了原来的行业时，就觉得这是件很有趣的事情。在我印象中，只有少数创业者逃离了那个圈子。其中一位创业者在一个较为广阔的细分市场中创立了一家软件公司，并把它打造成年营业额达 1000 多万美元的企业；另一位创业者成立了一家销售实体产品的企业，公司市值达到数千万美元。

其他大多数创业者仍在原来的行业里寻找细分市场和小小的发展机会，同时销售一些产品，教其他创业者做同样的事情。他们依旧在向其他创业新手灌输"寻找细分市场"的理念，新手们则打造着专攻细分市场的烂公司，他们的现金流有限，只够用来购买"导师"的细分市场信息产品。

想想那些创立了具有真正影响力企业的创业者，你就会发现，他们的企业并没有紧抓细分市场不放。这些企业起步时规模可能很小，也许最初只有少数几家客户，但最终，它们创造出一些可能让数百万客户青睐的产品。

创造大众产品需要冒很大的风险，但这就是创业精神。为了规避风险而瞄准细分市场，最终只会产生长期风险，企业永远成不了大事。

要让企业在大众市场立足，最简单的办法就是打造一家为大众市场服务的企业。我之所以说这个方法最简单，是因为你可能会失败，可能会时常经受极端压力和抑郁，而也许有一天，你会找到问题的解决办

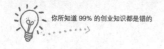

法。但是，与打造一家为某个细分市场服务的小企业相比，这条创业之路更有可能取得成功。

我的公司通过为 WordPress 提供支持服务，从而也服务于一个巨大的市场。我们创业那会儿，全球共有 7000 万个网站运行 WordPress，它们遍布各个国家、各个时区和各个行业。

对我们来说，这意味着：

• 公司战略从始至终没有发生任何变化。我们的第一家客户按月订购 WordPress 支持服务，而客户数量增加到成千上万之后，我们仍提供同样的服务。

• 我们目标明确，从未想过业绩增长放缓或遇到瓶颈后转型等问题。

· 我们有了可推荐性，因为每个人都认识某个经营网站且使用 WordPress 的人。

· 我们立即成为 WordPress 的宠儿，我们的公司几乎从一开始就出现在各大网站上。细分市场很难获得媒体的报道和关注，服务于细分市场的企业也同样如此。

· 我们能够很容易地向人们解释我们从事的业务，而他们也能够向别人宣传我们企业。

· 我们的内容营销有了更高回报，因为只要是与我们合作的网站，其大部分受众都使用 WordPress 软件。

我的黑啤酒花酿造公司也差不多。精酿啤酒只占澳大利亚啤酒市场的很小一部分，但它算不上细分市

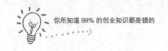
你所知道 99% 的创业知识都是错的

场。仅在澳大利亚，整个啤酒市场的规模就达数十亿美元。对于精酿啤酒来说，澳大利亚仍然是一个巨大的市场，仅我们公司所在地区就有数亿美元规模，而且当地只有少数几家啤酒厂。

这个数据很有用。我们的企业面临各种各样的挑战，但有一件事我们不必担心，那就是市场需求达到某种程度的上限。如果我们能持续酿造出好啤酒，这些啤酒的需求量就会很大。从啤酒厂成立开始，我们的增长就没有放缓过。第一个月，我们的营收超过 2.6 万美元。两年过后，我们上个月的营收达到 34.2 万美元。

企业最不希望遇到的状况就是与趋势擦肩而过。最近，我的好朋友兼连续创业者山姆（Sam）对我说："趋势一旦消失，便很难找回。"趋势是商业中最强大的力量，倘若你从一开始就选择为某个细分市场服

务，并希望以后羽翼丰满再离开它，这个做法相当于
你打算在某个阶段放弃趋势。

　　不要害怕进入庞大的市场。你要谨慎地为企业制
定章程，以确保企业的发展趋势。

无目标营销

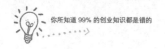

1998 年 3 月 1 日，我小心翼翼地跨进昆士兰科技大学（Queensland University of Technology）的大门，那是我主修市场营销商科学位的第一天。第一个学期的课程很难，我的四门功课中，有两门不及格，还有一门只得到了"让步及格"的成绩。"让步及格"是个了不起的概念，它意味着只要你主修的不是这门学科，就算不及格，也会被视为及格。这就好比说：如果你是个非常聪明的学生，就算挂科了，学校还是可以给你及格的成绩。可我的问题在于，我的"让步及格"科目来自市场营销专业。

幸运的是，我是个聪明的学生，这个问题很好地被解决。我把专业换成了人力资源，而且从此以后再也没有选修其他市场营销科目。

不过，我现在还记得第一天上市场营销课时发生的几件事。我记得，老师叫我们想象出一个虚拟化身，把它当作我们所在企业和市场营销的目标客户。我们要给"客户"起个名字，挖掘"客户"喜好和厌恶的东西、想法和日常用语等。

2006 年，在人力资源领域度过短暂且不成功的职业生涯之后，我建了属于自己的创业网站，重新玩起了市场营销的游戏，"虚拟化身"这个念头又再次不断闪过我的脑海。

正如"寻找细分市场"一样，"虚拟化身"这个理念如雷贯耳，而我自己也做过多年尝试。但是，它也跟"缩小细分市场"一样，对我不太适用。适用我的是完全相反的另一种理念。

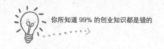

在创业初期，我会思考到底哪种类型的客户会收购我的网站，比如：他们经营着一家小企业，名字可能叫简（Jane），喜欢看《创智赢家》（*Shark Tank*）节目，喜欢在周日早上喝咖啡和练瑜伽。但是，这些想象对我没什么实际帮助。我尝试着把营销目标锁定在小企业论坛和网站上，不断提炼虚拟化身形象。我已经把整个虚拟化身都设计好了，但我做的所有事情并没有吸引到真正的客户。

随着时间的推移，情况发生了变化。2009 年，我摒弃了传统营销方式。我开了一个博客，开始把我的想法记录下来，其中包括一些关于如何改善网站的想法，并记录了我的一些创业历程。几年后，我的文章开始有点吸引力了。从 2012 年到 2013 年，我想创立一家从事数据分析可视化仪表盘业务的公司，并开始撰写收入报表。这次创业最终以失败告终。

那段时间里，时常有人告诉我，写博客（或者我所谓的"内容营销"）无法产生任何投资回报。不过，我还是坚持了下来，这主要是因为我想不到别的办法，而且我觉得自己在这方面做得挺好的。

这是我们可以想象到的一些最缺乏针对性的市场营销手段。其实，我当时做的只是撰写和发表博客帖子罢了。

不过，我一直在写收入报表，人们也密切留意我的创业故事。当我创立 WP Curve 公司并大获成功之后，这个故事变得更有趣了。那些博客帖子培养起来的读者一路陪伴着我，如今成为我的 WordPress 支持业务的注册客户。这个方法非常管用。

从那时起，我就再没有采用过传统的营销方式，我只想创建一个品牌，讲好一个故事。我的营销内容

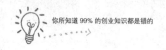

非常广泛，适合任何想要看这些内容的读者。有些人看了这些内容之后，便注册成为我的客户，但这种情况很罕见，绝大多数人看过内容后就没有下文了。他们可能会告知其他人，也有可能会分享给其他人，但在大多数情况下，他们只会看一遍内容，然后去找下一篇有趣的文章。久而久之，这些人学会了信任我和我致力于打造的品牌。多年以后，读者成为了我的支持者，甚至是宣传者。有些人变成了我的供应商，有些人成了合作方，有些人还成为了联合创始人！随着时间的推移，企业可以通过打造一个伟大的品牌而找到自己的目标客户。

我的营销手段既没有任何特定目标，也没有设定虚拟化身，但它比我采用过的任何有针对性的策略都有效得多。

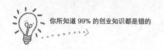

　　最近，人们在讨论创业时，提到了如今的一大趋势，即创业者可以通过某种方式减少创业的风险。"精益创业运动"开启了这种趋势，它使所有人相信一点：创业者可以进行一系列小型试验，迅速验证思路，然后尝试别的东西，从而消除创业带来的高风险。

　　但此后几年的实践证明，在大多数情况下，事实并非如此。初创企业的失败速度与以往一样快，而且同样极具破坏性。我们知道，创业不能被单纯简化成一个简单的 A/B 测试。创业并不简单，也没人能保证创业一定成功。如果创业肯定能成功的话，那它就不叫创业了，而是成为主流行为。现在我们看到，创业精神越来越流行。人们在爱彼迎上出租他们的房子，周末去当优步的兼职司机，用小小的忙碌带给自己小小的奖赏。

然而，这并不是真正的创业。创业有可能带来巨大的回报，但更有可能造成巨大的损失。如果你所做的只是沿着一条清晰的道路前进，偶尔为其他事情忙碌一番，那你称不上是创业者。获得巨大回报的可能性被因此而承担的风险所抵消。一旦风险变得不那么大，主流玩家涌入，市场变得越来越商品化，巨大的潜在回报随即消失。

如果你没有做好承担巨大风险的准备，就不可能成为一名创业者。

有些从事设计工作和自由职业的人在事业上停滞不前，我经常与他们争论的一点就是：他们充其量只是在挣一份打工所得的正常收入，不过他们可以"在

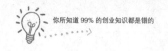

家工作"和"按自己的方式生活"。我甚至听到他们
当中的一些人声称,他们根本不喜欢和不认同"创业
者"这个词。

他们放弃了作为企业雇员所拥有的合法权利(比
如工作时薪、病假、长期服务假、养老金等),放弃
了就业保障,并离开了所有朋友,只为了追求"为自
己打工"的梦想。这样做的风险极大。他们可能工作
量不足,赚取不到最低工资;他们可能每天工作 16 个
小时,薪水远低于上班族的水平;他们有可能遇到赖
账的客户,一个月的辛勤工作付诸东流;他们可能变
成一个为自己打工的"隐士";他们可能勉强度日 20 年,
最终意识到自己并没有缴纳养老金;他们可能干了 30
年自由职业,最后却发现,那段时间里除了赚了点钱
以外,他们没有收获任何重要的东西(他们很可能会
把这些钱投资到不同行业中了)。

他们承担了如此多的风险，会得到多少潜在回报？并没有很多。从事自由职业的潜在收入并不比打工多多少，他们并没有创造出将来能卖几百万美元的产品。当然了，他们可以在家工作，但在家工作的坏处和好处一样多。依我看，坏处更多一些。

在我看来，这不是明智之举。如果你想承担风险，那你就要敢于承担所有风险，放开怀抱去追求巨额回报。

我在创业时曾冒过一些风险，而且觉得那些风险非常大。2006 年，我获得了人生中最大的一次升迁；仅仅两周后，我就辞掉了轻松愉快的政府工作，创立了一家从事网站建设的企业。此前我从未建过网站，也没有任何客户。几年前，我渴望接受任何我能做的工作，现在我却放弃了一份工作，而那份工作的薪水是我第一份工作的两倍。

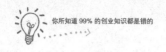

那段创业之旅快结束时，我收购了另一家从事类似业务的公司，收购价 5 万美元，钱是我从别处借来的。我要么把公司搞好，要么一败涂地，把我的房子卖掉来偿还贷款。结果我真的一败涂地，不得不卖掉了房子，损失了数万美元，才把欠债还清。

那次失败的创业持续了整整 7 年时间，随后我把公司的一半股权卖给了另外两个人，他们成为我的合作伙伴。我们 3 个人合不来，所以合作告吹。最终，我用一年工资的价格把公司卖掉，下一步不知道该做些什么。那时候我刚三十出头，没有任何房产，还要抚养两个年幼的孩子，婚姻处于破裂的边缘，我觉得自己就像一个彻头彻尾的失败者。但是，风险还远没有结束。

我把所有资金投到一款产品上，然而令人沮丧的是，那款产品极其失败。一年以后，我所有的钱只够两周的开销了，而我将变得一无所有。绝望之余，我向电子邮件列表上的所有人发送了一封邮件，说我打算创立一家为 WordPress 提供支持服务的企业（即 WP Curve 公司）。这个想法大受欢迎，几个月后，我决定在世界的另一头招聘员工。刚好在那周，一位刚搬到旧金山的澳大利亚人在我写的一篇博客帖子下评论道："嘿，丹，我喜欢这些文章。你有没有考虑过聘请一位联合创始人？"

经过几番电话沟通之后，我决定把那家企业的一半股份赠送给一个我从未见过的人。

跟他合作了 9 个月之后，我们终于见面了。两年后，我们一起打造了一家百万美元规模的企业，然后把它卖给了 GoDaddy。

风险并没有就此消失。我和两位伙伴决定开一家

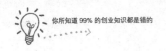

酿酒厂时，我承诺投入 10 万美元，作为它的启动资金。
当时我手上并没有 10 万美元，所以在酒厂开业前的 6
个月里，我必须靠自己的能力挣到这笔钱，才能共同
出资建造酿酒厂。除此之外，我们还必须从其他投资
人那里筹集 15 万美元，确保酒厂顺利开业。此时，
我们已经下定决心去做这件事，并且下了订单，所以
不继续下去是不可能的事情。

这一切都发生在我卖掉上一家公司之前，所以我
没那么多现金。我不是还说过，当时我正在办离婚吗？

风险并未止步于此。两年后，酿酒厂产能达到顶
峰，我们决定要建造一间更大的酒厂。我们签了一份
为期 5 年的租约，以不到 100 万美元的费用租下一家
新工厂。我们花完了银行里的存款，每个月都在亏钱。
我有两周时间为新的酿酒厂筹集 250 万美元，而且所
有募资活动都要受到澳大利亚证券投资委员会（ASIC）

的约束。证券投资委员会规定我们不能为募资活动打广告，且投资者人数不得超过 20 人。最终我筹得了 170 万美元，这笔钱足以订购设备，给予我们希望。总有一天，我们会让工厂开足马力运转，然后再开新工厂。

我们总算大难不死，但我只有 6 个月的时间来筹集剩下的 80 万美元。但当时的项目超出了预算，所以我们的预算缺口超过 100 万美元，而这只是工厂开业所需的资金。一旦开业，我们就需要准备大量的现金，以提升新工厂的产量。我们花了 6 个月时间跟所有大银行和一系列的二级、三级以及"鬼知道哪一级"放款人谈判；我们举行了一次股权众筹活动，希望能筹集 15 万到 40 万美元来帮助工厂运转。我还研究了另一种募资方式，开始与一些投资人讨论可转换债券的问题。

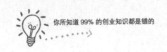

如期开业一个月后，我们一分钱都没筹到，资金缺口达到 100 多万美元。在投产前几周，我们进行了一轮私人融资，筹得 20 万美元，并发行了价值 20 万美元的可转换债券。我们完成 40 万美元众筹目标，还有一家大银行终于参与进来，贷给我们 80 万美元。

我们又勉强渡过了这道难关。如果这种风险还不算大的话，我就不知道所谓的"巨大风险"是什么了。今年是我创业的第 13 个年头，我所承担的风险只会变得越来越大。

但与创业的宏伟蓝图相比，这些风险都微乎其微。看看那些无比成功的创业者吧，为了获得那样的成就，他们付出了多少努力。埃隆·马斯克的创业故事已广为人知，他把通过出售 PayPal 公司挣来的 1.65 亿美元全部用来创立两家新公司，结果，两家公司在几周时间内就陷入破产边缘。后来，太空在几周内持续发生了一些奇怪事件，正是这些事件拯救了它们。接着，马斯克将一辆特斯拉 Roadster 跑车发射到太空，成为现代创业精神的模范人物。想象一下，如果太空探索技术公司（SpaceX）没有获得美国航空航天局的合同，而特斯拉公司也没有获得政府的资金来帮助他们渡过全球金融危机，那结果会怎样？埃隆会从一个身价 1.65 亿美元的富翁变得身无分文，还得到处去找工作。

任何一个心智健全的正常人都不会冒这种风险，但创业者们敢于承担风险，这就是他们成为创业者的原因。

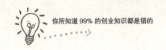

创业者失败的首要原因在于他们不是真正意义上的创业者。创业者会面临巨大风险，不确定性不断增加，且极少获得支持，但在这些情况下，他们仍能够开拓出自己前行的道路。不是每个人都能胜任这份工作的。创业者是万里挑一的，他们是别人眼里的怪人、注意力缺失症患者，他们把成就、乐趣和改变放在首位，而不是日复一日做着同样的工作。

创业只适合于史蒂夫·乔布斯这种人和他著名的"现实扭曲力场"，它不适合那些不断寻求外部认可、视外部认可高于一切的人。事实上，唯有特立独行的人才能创业成功。然而，在创业领域，我发现绝大多数人都在寻求和重视别人的认可。

本周，在我的脸书创业智囊团中，一位成员提议给他的创业项目起个新名称。这些名称充满了陈词滥调和普通的时髦商业术语，比如"自由"、"实验室"和"集体"。另外两名小组成员建议在项目名称中换个新词。从那以后，那位创业者感觉自己得到了别人的认可，并认为这是一种正确的行事方法。

好个令人恶心的"特立独行"，史蒂夫·乔布斯若泉下有知，定会不得安宁。就因为脸书用户组里的两个人喜欢某个词语，所以你就认为自己应该按他们指的路走？

这种做法过分高估了外部认可的作用，如果你想成为一名创业者，就要摒弃类似做法。我有个更好的主意：首先，对问题、解决方案、差异点、创始人个性、市场、其他产品、时机以及所有其他关键因素进行深入研究；其次，对设计进行深入研究，跟进设计

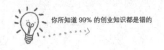

师的工作，留意艺术家们是如何借助隐喻和抽象解释从关联不大的事物之间创造出新事物的；再次，研究其他初创公司，研究它们的公司名称和品牌；然后，研究最近获得成功的公司，研究它们采用的色系、形象、社交媒体账号以及它们所使用的模型类别；最后，如果你不得不询问朋友的意见，那就问问他们吧，但不要因为他们的意见而影响你的决策。做完上述工作之后，不用想太多，选一个听上去不错的名称即可。

采用这种方法，你将会甩开 99% 的创业者好几条街。你非但不会像别人那样使用无聊夸张的陈词滥调，反而会做一件更重要的事情：为自己做决定。无论你的决定是对是错，自主决策都是创业者的核心能力。从现在开始，你要在不确定的环境下继续前行。没有人知道答案，没人可以给你认可，决定权在你手里。

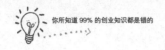

2006 年 7 月，我放弃了舒适且成功的打工生涯，创建了一个创业网站。公司刚成立那个星期，我遇到了一位企业教练，他问我：你的公司有何与众不同之处？

从那天起，我就一门心思想着如何才能与众不同。事实上，商学院教给学生的第一课就是拥有竞争优势的重要性。一般而言，创业者都痴迷于与众不同；不过，我花了很长时间才意识到与众不同的危险性。

如今，我拥有一家从事传统业务的公司，它比我以前的公司更加稳定，而我的职责就是让它活下来，使股东、员工和创始人的利益得到保障。澳大利亚的精酿啤酒行业正呈爆发式增长，想进入这个行业的公司可不少。

经常有初创公司找到我，想跟我们公司合作，以增加它们产品的曝光度。这些公司的产品包罗万象，从家用啤酒系统、桶装啤酒，甚至酒吧招揽顾客的应用软件等。我逐渐意识到，只有那些持有非常"无聊"想法的人，才能得到我们的认可，并最终成为我们的供应商，比如：能提供较低运输成本的粮食生产商，能够提供稍微与众不同作品集的摄影师，或者能在同一订单中提供酒吧用的贴纸和冷藏箱的印刷商。换句话说，稍微与众不同是很重要的，但是，我会对那些刚进入一个全新领域的人敬而远之。我不想因为一些未经验证的想法而使我们企业的声誉受到影响。桶装啤酒不是我需要的东西，既然如此，我为什么要把我们的品牌印在酒桶上呢？

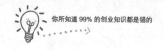

　　我的处女作《七天创业指南》里有这样一段话：
有些问题人们已经找到了解决方案；研究那些问题，
并对解决方案稍加调整，这往往比发明某种全新的事
物并说服人们接受它更见成效。

　　过去，每当我想到一些商业创意时，心里总是感
到很兴奋，因为似乎前人都没有想到过这个创意。我
发现，创业群体一直以来都存在这种心理。他们认为，
如果自己拥有一个新奇的创意，而且从未有人产生过
类似想法，那就是件好事。

　　事实上，除了某些极罕见的情况以外，这是个
坏兆头。如果没人产生过类似创意，那它可能不是人
们想要的东西。要说服别人接受他们不想要的东西，
这可是一项艰巨的任务。

　　这是我从多次实践中得来的经验，而最近一次

经验来自我们的核心啤酒产品。我们想到了一个好点子，准备酿造一款新型风味啤酒。公司现有产品品牌叫"农舍"（Farmhouse），它是一款带有萨森风格（Saison）的香槟口味啤酒，并早已得到市场的认可。我们想在啤酒中加入一些来自澳大利亚的啤酒花，使之具有当代风格。我们的酿酒厂位于海边，所以我们采用了传统的比利时风格，加入新的啤酒花后，啤酒有了更多海滨元素，我们将它命名为"海滨别墅"（Beach House）。这个非凡创意来自我最好的伙伴、黑啤酒花酿造公司的联合创始人埃迪；还有更多创意则来自我的另一位联合创始人戈夫斯，他创造出完全符合规格的啤酒。这是我们最喜欢的啤酒。在上两届澳大利亚国际啤酒奖（AIBAS）评选大会上，它获得了金奖。这款啤酒也是酿酒厂成立以来的旗舰产品，我们希望它能跻身澳大利亚"最受欢迎的100款啤酒"（Australia's Hottest 100）之列，该排名由澳大利亚民众对最受消费者欢迎的精酿啤酒进行投票后产生。

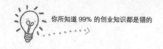

第一年，在评比倒数阶段，我们排在第 113 位，我们觉得没有机会进入前 100 了。这款啤酒看起来很有潜力，虽然我们没有上榜，但由于他们公布了二级榜单，我们可以看到粉丝们正在支持我们，我们走上了正确的发展轨道。

第二年，我们又让"海滨别墅"去参与评选，还专心地听了排名倒数情况。那天我们三个没有在一起，我在自己公寓从第 100 名开始听起。我们不在后 50 名，此时的我既紧张又兴奋。我觉得，我们要么根本没上名单，要么进入了前 50 名，两种可能性同样大。我们只是本土一家小小的酿酒厂，但支持我们的人很多，我觉得我们排名前列的机会很大。我听完了全部排名，快到第 20 时，我意识到我们根本没有进入名单。最终，我们查了排名结果，我们排在第 118 位，比上一年度还低。

　　我崩溃了。没错，这是个比拼人气的比赛，但我觉得，投票结果很好地反映出你和你的产品到底有多大影响力。

　　第二天，我和一位朋友出去喝啤酒。那个地方在卖我们的啤酒，他点了一杯另一家啤酒厂出品的淡啤酒。他对我说："你们要酿这样的啤酒。"

　　这两件事使我决定在第二天召开的公司创始人会议议程里加入生产淡色麦芽啤酒的话题。我提出，我们需要一款旗舰级啤酒，而且这款啤酒是绝大多数精酿啤酒爱好者都想喝的产品，消费者会不假思索地选择它。我们的"黑啤酒花"品牌价值很高，而如果人们能在品牌名称旁边看到"淡色麦芽啤酒"（澳大利亚最受欢迎的精酿啤酒风味）这几个字，那我们就有了正确的产品组合。

2018 年 1 月 27 日，我们再次聚在一起，收听最受欢迎的 100 款啤酒品牌评选结果。这一次，我们最担心的事情没有发生。我们的印度淡色麦芽啤酒（IPA，此前不是我们的核心产品）排名第 55 位，而我们的淡色麦芽啤酒排在第 20 位，由于这两款产品当时的铺货量不大，我们厂顿时成为最受关注的酿酒厂之一。2019 年，我们的淡色麦芽啤酒升至第 14 位，是啤酒评级软件 Untapped 上排名最高的澳洲淡色麦芽啤酒，其销量超过了我们厂其他所有啤酒的总和。

如果我们没有灵机一动，将产品名为"淡色麦芽啤酒"，我们的酿酒厂如今可能就不存在了。人们走进酒吧时不会问："可以来杯萨森啤酒吗？"我们拥有了一款精心酿制的啤酒，它成为某种风格啤酒的优秀典型，绝大多数消费者都打算购买这款啤酒，从此我们的业务量呈爆发式增长。

我们是自身创造力的受害者。

你想要的是一个健康的市场，无论你卖什么产品，消费者或多或少都会掏钱购买。没有健康的市场，你几乎必败无疑。除非你对失败无动于衷，否则的话，这将会是一个痛苦和尴尬的漫长过程。

人们只买他们想要买的东西，所以，不要太过于与众不同。

不一定要赢

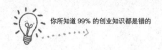

　　在创业圈，人们总是痴迷于"赢"。我看过很多企业使命宣言，也跟很多雄心勃勃的年轻创业者交谈过，他们无一不想打造"最大企业"、"领先供应商"、"评级最高企业"或者"排名第一公司"。

　　在任何特定领域，当下仍在经营的企业已然是赢家。你现在还能拿自己和少数赢家比较，可大多数公司都倒闭了，它们甚至连被人提及的机会都没有。

　　从很多方面来说，你已经赢了，但这并不是"以赢为目标"构成难题的主要原因。你可能赢不了，这才是主因。

从理论上讲，成为赢家听上去不错，但这很可能成为一种永远无法实现的愿景，也永远不会提供任何真正的价值。更糟糕的是，它只会提醒相关的每一个人，让他们都知道你是个失败者，这很容易挫伤团队的积极性！

我想有人会争辩说：凡事能争第一最好，而如果失败了，争第二、第三也不赖。但实际上，当你从零开始的时候，第一到第二十名都是非常好的，也是极其鼓舞人心的。如果你原来排第一百名，并且以前十名作为目标，那么第二名是令人惊叹的成绩；可如果你从一开始就想争第一的话，第二名也是极其失败的。

你已经听过我的故事了：当我们在"最受欢迎的100款啤酒"评选中获得第20名的成绩时，我们的团队是多么的兴奋。不要忽视这种神奇的力量！当时，第20名对我们来说简直太棒了。如果一切按计划进

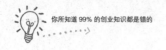

行的话，我们下一年就会进入前 10 名，相当于向前
迈进了一大步。可如果我们没有成功呢？如果我们只
获得第 11 名呢？我们会感到无比难过。

淡色小麦啤酒排在第 20 位的时候，它是首次参
赛产品当中排名最高的品牌，也是我们昆士兰州排名
第二高的啤酒。我们在荣誉墙面前拍了一张照片，它
成为我们当时最喜欢的社交媒体照片。我、埃迪、戈
夫斯，我们的工作人员、客户、供应商，所有人都欣
喜若狂。一想到如此温和的目标竟能产生如此大的关
注、赞美和激励效果，大家不禁为之惊叹；与此同时，
一想到如果明年我们只排在第 11 名的话，我们又会
感到沮丧。

想象一下，假如我们的目标是赢得第 1 名，那么
在接下来的 10 年里，就算排名再高，我们都会觉得
不开心。

　　每当有人问我们对黑啤酒花公司未来有什么整体规划时，我从不会说我们想成为澳大利亚最大的独立啤酒厂，或者成为澳大利亚排名第一的精酿啤酒厂。我觉得这个目标有点不切实际，因为我们要面对一些非常强大的竞争对手。其他酿酒厂的规模是我们的 10 倍，它们的投资者提供的资金是我们的 100 倍，而且啤酒酿造历史早我们好几十年。如果我们能从 3 人家庭啤酒作坊发展到敲开行业前 5 名的大门，那就是一项非凡的成就；如果我们能拥有一款澳洲精酿啤酒爱好者钟爱的品牌，那实在太了不起了。更重要的是，如果我们能继续经营下去，为酿酒行业和更广泛的社区做出更大贡献，那将是无以伦比的成就。

　　我认为，凡事争第一的做法没有任何价值。它会削弱团队的积极性，造成多年不必要的挣扎和失败。归根结底，第一并不重要。

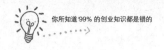

对于大多数创业者来说，道理也是一样的。其实，他们并不认为自己必须争第一，他们只是设定了这个目标，因为第一意味着前无古人。倘若把目标设为第二或第三的话，让人感觉很差劲，但"勇争第一"的体育文化并不适用于创业。在大多数中等规模行业中，第二和第三表明企业经营得也极其成功，任何创业者都应该感到兴奋。

别把目标定得太高。你的目标是改善现状，但设定目标时，要注重自我激励，同时激发联合创始人和员工的积极性，享受创业的每一个过程。也许你会发现，从第 113 名进步到第 20 名，远比从第 3 名上升到第 2 名要令人满意得多。

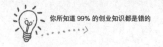

很多关于创业的名言其实都是废话，而我最喜欢的一句就是："运气是靠自己创造出来的。"有些因素无法人为控制，只不过人们都不愿意承认这点罢了，那些向你兜售解决方案的人尤其如此。假如有人向你推销某种信息产品，说只要你注册购买它，它就能预知你的运程，你能想象这是怎样一副情形吗？这种话肯定是信不过的，所以人们嗤之以鼻，反驳说"运气是靠自己创造出来的"。

但是，运气是无法"创造"出来的。运气如果能创造出来，那就变成了履行任务，而不能称之为运气了。此外，正如"努力工作"一样，运气也无法解释为什么这么多人为公司奔波多年，最终却一事无成。很多人在努力工作，或者努力"创造"自己的运气，但不知何故，他们始终没有获得好运气，可能这是因为运气往往存在偶然性，而偶然性正是运气的精髓所在。

在我看来，运气在人们创业成功的过程中发挥着重要作用，这是不可否认的事实。运气会让你保持谦虚的态度。一旦你认为成功完全归功于自己，就会变得狂妄自负。这种情况在我身上发生过几次，但随着下一个想法失败，我又从天堂坠回了人间。

埃隆·马斯克如何成为神一般的创业者？当然了，他工作很努力，敢于承担巨大风险，并且聪明绝顶，极富创造性。但就像我们之前说过的那样，他曾与一次巨大的毁灭性失败擦肩而过。2008 年，就在破产前几天，他与美国航空航天局签订了一份大合同，这份合同挽救了他的太空探索公司。该公司获得了数亿美

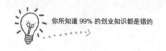

元来自政府的资金，使他刚刚创立不久的电动汽车企业特斯拉得以生存下来。我相信，作为一名创业者，几十年来他也倒霉过不少次，但说实话，那一系列事件带给他的都是好运！

我认识的每一位创业者，包括我在内，都有过类似的故事，只不过运气没好到这个程度而已。有些人不愿意承认运气的存在，因为那样会打击自尊心。那些获得过一些成功的人，其运气多半来得很及时。

正因为如此，对于那些把建议当作商品出售的人，我总是不太敢接受他们的建议。他们永远不承认运气的存在，所以，他们的建议能够坦诚到哪里去呢？即使是那些不以售卖建议为生的人，也不见得会承认运气是成功的主要因素，因为他们的自尊心和自我价值感受到了威胁。人们需要表现出极坦诚的态度，并进行大量自我反省，才能承认运气所扮演的角色。

　　但运气是客观存在的，这是一个明明存在，却被人们刻意回避的问题。可以说，运气一直存在，它是普通成功创业者和极度成功创业者的主要分界线。

　　照我说，与其否认运气，倒不如接受运气。如果你取得了一些成就，不要让自尊心失控，务必保持谦逊和感恩的态度。如果你还没有取得成功，你要这样想：一个小小的、不可预测的事件就可以改变一切。或许这对你有所帮助。你也可以期盼着小小的奇迹降临在自己身上，对吧？

有些专家称，想法不重要，执行力才最重要。对于创业者来说，这可能是最具破坏性的建议。

这个建议基本上是说："不要太担心你在做什么，只要继续做下去就行。"问题在于，我们在错误的事情上太过努力。这才是我们面临的最大难题。

如果你相信这个建议，那你怎么知道自己的想法很烂？相信我，有些想法确实很烂；事实上，绝大多数想法都很烂，反正我的大多数想法是这样的。

在写这本书的时候，苹果刚刚获得万亿美元估值，成为全球市值最高的公司。曾经有那么一段时期，苹果市值并不高。在很长一段时间里，苹果的创意非常失败，产品不符合市场需求，缺乏创新，毫无灵性可言。后来，依靠大量伟大的创意，苹果又史诗般地东山再起。把整个音乐库装在你口袋里——好创意！把电脑放进你的口袋里——好创意！如果没有这些想法的话，上述产品现在甚至都不会存在。当然，执行力同等重要，它使这些创意得以很好地实现。用执行力去实现伟大创意，这才是价值得以产生的原因。

作为创业者，我一直在错误的事情上忙碌着，这是最令我纠结的一点。经过一段漫长且痛苦的时期之后，我才能发现自己浪费了大量时间，还有那些不眠之夜、压力和焦虑，到头来却徒劳无功。原因何在？原因就在于我总想实现一些糟糕的想法，却没有及时醒悟过来。

"不惜一切代价忙碌起来"是 Instagram 创业者

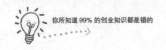

崇尚的教条，千万不要掉入这个陷阱当中，完全贬低优秀创意的价值。我们的社会、历史以及人类的整体存在都源自优秀创意。努力工作是先决条件，但要把努力放在琢磨好的想法上面。

有所为，
有所不为

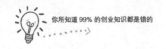

当我刚开始互联网创业的时候，圈子里有一句话非常流行：无所不为。这是由帕特·弗林（Pat Flynn）提出的理念。弗林为人非常和善，他是早期互联网营销界的模范人物。对于他的这个建议，我想了很多。对帕特·弗林来说，这话是讲得通的，因为他是帕特·弗林。人人都知道他是谁，所以这句话得以广泛传播是说得过去的。但是，他提这条建议的对象不是他自己，而是追随他的其他创业新手。

我最喜欢做的一件事就是上网，并且已经浏览过成千上万个网站。上网时，我遇到最有趣的事情就是跟帕特·弗林不期而遇。他很慷慨地邀请我上他的播客，在节目结束时，我想：倘若我给他的所有听众提供网站评价服务，那肯定是件很酷的事情。从那次直播算起，我提供了几百次网站评价服务！

但回头想想，我有点后悔，因为我从来没有建议网友删除过某个网站，这可能是最有用的建议了。

作为创业者，分心是进步的天敌。你不仅浪费了有限的时间、精力和金钱，还放弃了做错事的机会。

在如今这个时代，令人分心的事物无时不在，每天都有成千上万的信息以几十种形式充斥着我们日常生活的方方面面。谈及商业建议，"无所不为"这种思想消耗了创业新手太多精力，导致其停滞不前。资源有限，你不可能，也不应该无所不为。

社交媒体平台以前所未有的速度兴起和消亡，而随着每一个新平台出现，都会伴随着一阵"你必须做

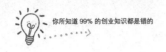

某某事"之类的建议。在最近的一次商业活动上，一位著名创业者宣称："我每天都在创作几百段内容。我应该创作几千段内容，你也应该这样做！"

这位创业者非常擅长运营社交媒体，而且一直如此。他的企业很大程度上依赖于社交媒体，这也是他的营销吸引力的主要源泉。所以对他来说，"继续做一直行之有效的事情"是个很好的建议。但是，听到他这个建议的其他人会怎么想？一个人已经证明了他可以靠网络内容赚取数千万美元，若他认为自己所做的事情也适用于另一位尚未证明自己的创业新手，那就简直太武断了。

可问题在于，并非所有的工作都被认可。出色的工作往往会被认可，但并不总是被认可，并且可能要花很长时间才会被认可。

照我说，无所不为倒不如有所不为。无所不为是有破坏性的，它不仅给你带来压力，还会让你掉入失败的陷阱。

要有所不为，除非你觉得某件事你可以做到最好。

无所不为的人不可能把所有事情都做好。或者换种说法，凡事皆涉猎的人是不可能把任何一件事都做好的。

这部分内容需要读者真正具备某种自我意识。我现在就告诉你，没人会说你在某种市场营销手段方面做得不好，你得自己发现这个问题。

如果你是一名无趣乏味的演讲者，且演讲时特别紧张，就算你的企业教练告诉你演讲是树立权威的最佳方式，你也不应该去发表演讲。想要失去公众信任，

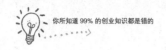

不妨去做一名拙劣的演讲者。你要做一些自我反省。任何人都可以在某个活动中发言，但在每次活动中，都会有一两名演讲者表现超群。就像在商业上一样，总有几家企业脱颖而出，其余的都是平庸之辈。

你怎样才能脱颖而出呢？首先，你要做一些演讲训练，才能真正理解演讲的复杂性，这可能要花几个星期的时间。你要了解自然语言处理（NLP）的概念，以及通过沟通影响他人的最佳方式。你要拥有出色的设计天赋，确保你的幻灯片能够给观众留下深刻印象。幻灯片不仅仅是堆砌信息，还要有干净简洁的设计，以及与演示文稿风格相匹配，不偏离主题。在这点上，你要向单人脱口秀学习，因为时机决定一切。要想清楚为什么用某些词语，而不用其他词语；把要表述的事情分成三组，以达到最佳效果；安排好每张幻灯片之间的过渡时间，等待听众做出反应。

你要把自己在舞台上的位置考虑在内，尽量减少不必要的动作次数。为了表述你的故事，你要站在舞台上的某些特定位置。为此，你要学习讲故事的艺术、写作艺术和营销艺术，把你要表达的信息提炼成人们愿意相信的内容。

你必须衣着得体，让观众觉得你胸有成竹。

你要知道双手放在什么位置，而这取决于你正在讨论什么话题，或者你期待观众作何互动或反应。你要学会合理站姿，既不显得咄咄逼人，也不显得恭顺或过于放松，而是充满了自信。

你要学会把提示性的道具放在演讲厅合适的地方，还要学会在哪里发出信号，从潜意识里引导听众的行为。你要考虑演讲厅四周或幻灯片里应该放些什么词汇，把你要表达的信息融进去。你要学会麦克风

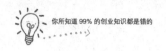

的最佳放置方式和舞台的最佳布置方式，以及在测试
麦克风和彩排时应该用什么词汇，从而表明你处于放
松但自信和权威的状态。

你要学习使用正确的词汇和与观众互动的方式，
以确保观众在你的鼓励下踊跃提问，但是，不要期望
他们的生活会因你的答案而改变。请不要让我讲那些
细节问题，比如：如何针对不同活动更改演示文稿，
如何应对技术故障，你做的幻灯片考虑采用哪些字
体，如何在舞台上巧妙地兜售产品，在演讲过程中如
何旁征博引，或者如何和何时爆粗口或夸夸其谈，诸
如此类的事情。相信我，当你参加下一次演讲活动时，
现场会有一两位演讲者知道你采用的这些套路和更多
招数。

我不是想吓唬你，让你不敢发挥创造力。如果你
创造力满满，不妨读一读我的上一本书《创造还是憎

恨》（*Create or Hate*），它会激励你去创造一些事物，因为归根到底，创造力才是人们取得成功的原因。不过，切勿无所不为，需知术业有专攻。如果你打算迎接挑战，打算发表演讲、发布优质的播客视频、制作优质的 YouTube 视频、写几本好书，或者运营好一个 Instagram 账户，那就放手去做吧。

但是，你无法把每件事都做得很好，你无法做到事事精通。所以，要有所为，有所不为，不去做那些你不擅长的事情。除非你能把某件事做得很好，否则干脆不去碰它。

吸引力胜过质量

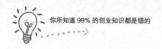

你每做一件事情，质量都至关重要，但还有些事情比质量更加重要。

如果你研究最近取得成功的企业，并试着将其成功精确归结为某个质量指标，就会知道这个办法行不通。每次做这种尝试的时候，你会发现其他无数企业能把事情做得更好，但不知何故，那些企业总是没那么成功。

早年创业时，这种情形曾让我感到沮丧。我尝试过写更好的博客帖子，但 Copyblogger 上的帖子会像病毒般迅速传播，而我的帖子却往往被忽略。我尝试过创建比竞争对手更好的网站，却很难获得新的业务。

最后，经过多年苦心经营、殚精竭虑和采用各种营销手段之后，我只有两家公司经营得很好。说实话，我也不知道问题到底出在哪里。可不管出于何种原因，我的 WordPress 支持业务大获成功，我的啤酒厂也办得红红火火。尽管有时候我后知后觉，但最终我还是领悟到了一个道理，即我所做的其他事情的质量并不是那么重要，真正重要的是另一个想法正大获成功。

这或许很难想得通。你可能在某些事情上耗费多年时间，却发现出于种种原因，没有人在乎你的努力。然后，你在别的事情上可能只花了几分钟时间，那件事居然做成功了。

有些人说，所谓"疯狂"，其实就是一遍遍地做同样的事情，却期望得到不同的结果。照我说，若这个词用来形容创业精神，可比《韦氏词典》关于"创业"的定义要准确得多。有时候，结果并非完全可预测的。

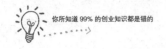

有时候努力就会有回报，有时候却未必如此。我
鼓励你把事情做好，但是，如果你想创业成功，而通
往成功的道路恰恰出现在你意想不到的地方，那我建
议你就沿着这条道路前进。

吸引注意力是很棘手的事情，因为多数情况下，
注意力稍纵即逝。但作为一名创业者，这是你必须具
备的技能之一。你要能够识别吸引力，并意识到自己
可能做错了。吸引力胜过质量。

不要从已经脱离
本行业的人那里
听取建议

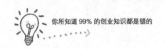

　　创业成功与否，取决于是否拥有适当的运气。如果你承认这点，就不会崇拜所谓的终生创业大师。有些人在 30 年前创立了知名企业，如今，他们仍被业界奉若神明。类似情况屡见不鲜。

　　仅仅因为一位 30 年前创业成功的人建议不要做某件事，其他人就不敢越雷池半步。我说不上这种现象出现过多少次。

　　我们如今身处一个快速发展的环境，事物日新月异。从当下没有任何巨大成就的人那里获取建议，这不是明智的做法。可问题在于，当下正在做大事的人多数没空给别人提建议。

但游戏已经改变，人已经改变，规则也已经改变。在规则成为规则之前，它们也会再次改变。万物皆无定法！

我认为，你不应该崇拜任何创业大师，那些已经离开创业圈几十年的人尤其不值得崇拜。可问题在于，往往那些在行业内摸爬滚打几十年的人，才会受到人们的崇拜。

我记得，当初我在一处联合创业办公空间工作。我的办公区域外面有一片"答疑解惑区"，每周会有一位创业专家来给未来的企业创始人提供建议。我常常听到玻璃隔间另一头的专家给大家提出一些糟糕透顶的建议，那些建议的荒谬程度令人发指。与此同时，我就在隔壁的办公区域白手起家，创立了一家百万美元规模的企业，而我采用的技术与那些专家最后一次创业时所使用的技术简直有天壤之别。

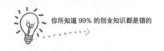

以下是一篇真实的帖子，转自脸书群组。有人问：初创企业应该做哪些最重要的事情？这篇帖子对该问题做出了解答。

"建立一个经过深思熟虑的商业模式，并制订缜密的企业战略计划。要有预测（原文如此）模型、信息系统（原文如此）模型、收入与支出模型、员工培训或外包的计划、内部和外部安全配置文件、供应链安全及物流可行性研究。如果是制造型企业的话……"

抱歉，暂时中断一下，因为我想指出一点：到这里为止，回答问题的人还不知道提问者经营的公司属于哪个行业，可他认定自己对提问者所要做的事情了如指掌，建议对方要准备一份又一份文件。下面，我们继续看这篇帖子。

"……输入、过程和输出可行性，谈判和采购技能，不要害怕失败，从失败中积累经验，迅速恢复的能力（原文如此）。这里只是简单罗列了几点。我现在已经70岁了，经历过创业的风风雨雨，并且在大学里教过创业课程……"

看到这里，我觉得浑身难受。它与这个时代创业者应该做的事情完全背道而驰。该建议来自某个曾经的创业者，他认为自己能够回答所有与创业相关的问题。

与其听取过往创业者的具体建议，倒不如旁观当前创业者的行为。旁观的最大好处在于你不会看到心中期待的答案。旁观时，你对自己有可能了解到的东西不抱太大希望，但作为创业者，你并没有把自己的唯一职责（即独立做决策）推给别人。

不要从已经脱离本行业的人那里听取建议。

留在你的舒适区

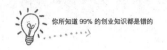

也许我花了太多时间玩社交媒体，又或者关注了不应该关注的社交媒体账号。几乎每一天，我都会看到有人引用与"恐惧感"相关的名言，而在这句名言下面，总有一连串评论附和着。昨天我看到的名言是："恐惧的另一面都是美好事物。"

几乎所有创业专家都会告诉你，"面对你的恐惧感"，并且"走出你的舒适区"。

事实上，恐惧的另一面也有很多不好的东西，这就是恐惧存在的根本原因。作为一名创业者，压力和焦虑感是最具破坏性和最危险的元素之一。有时候，我觉得压力实在太大，甚至都没有意识到它在我的身体中引起了各种疯狂的生理反应。

　　一旦你的身体对压力产生明显反应，比如剧烈疼痛、肌肉停止工作和惊恐，你就会意识到它有多么危险。我认为，我们真的不应该鼓励人们每次都无缘无故地承担压力。

　　我曾以这条建议谋生。和许多人一样，我很害怕当众演讲。我决定，这个问题必须得到解决。几年前，我开始在商业活动上发表演讲。我报名参加了一门演讲训练课，每次演讲都亲自写演讲稿，并且非常认真地进行排练。演讲结束时，我会暂时感觉很好，然后开始担心下一次演讲的到来。在演讲之前，我被恐惧感侵蚀，连续好几天或好几周行为粗鲁、刁钻刻薄、心理压力极大，整个人被下一次演讲弄得惶惶不可终日。当然了，下一次演讲总是顺利完成，然后这种过程周而复始。每次演讲结束后的 5 分钟里，我都会告

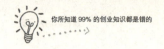

诉自己：一切担心都是值得的。

我的上次演讲是在一次商务会议上，我要对 700 名付费会员做主题演讲。和往常一样，演讲进行得很顺利，我受到了称赞。可是，当主办方请我在下一次活动上演讲时，我更加谨慎地考虑了一番。在接下来的三个月里，我要为这次即将到来的演讲感到紧张和担忧，这样做真的值得吗？我究竟能从演讲中得到什么？如果我不做这次演讲，把时间节省下来，从容不迫地处理工作，这会不会是一个更理想的结果？

经过仔细考虑之后，我决定不去做这次演讲。从那以后，我就再也没有发表过演讲了，那时距离现在差不多 3 年。

这是否说明我没有克服自身的恐惧感？也许是

的，但我是个创业者。克服恐惧感无法让我获得报酬，只有创立一家伟大的企业，我才能得到最大回报。当我成功创业时，我会收获个人奖励和满足感。有时候，这些奖励远远超过了成功演讲给予你的 5 分钟自我膨胀。

过去两年里，我打造了这辈子所能打造的最佳企业。只要有可能，我都尝试着避免在此过程中承受过高压力。

多数情况下，你会在没有压力和恐惧感的时候表现最好。保持放松的状态、充足的睡眠，在自己擅长的领域深耕细作，往往如此才能有出色表现。

当然，有时候克服恐惧感也是一种正确做法。若结果如你所愿，那很好！去克服恐惧感，迎难而上。

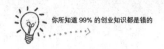

但是，不要因为自己必须要克服某种恐惧感而把压力和焦虑带入你的生活。

有时候，留在舒适区是种更合理的选择。

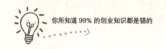

　　上个月，我的创业生涯已经走过了第 13 个年头。那段岁月里，我经历了地狱般的旅程。我买过一个车库，用产自中国的平衡车装满了它，却一台也卖不出去；我花了几十万美元，开发了很多款失败的应用软件；30 岁出头的时候，由于一次创业失败，我损失了一套房子和 100% 的净资产；某天夜里，绝望的我在冲动之下创立了一家公司，然后把它卖给了世界上最大的互联网公司之一；我把一个出于爱好的自酿啤酒项目变成澳大利亚的"冠军小型啤酒厂"（Champion Small Brewery），这家啤酒厂迅速发展成百万美元级别的企业。

　　创业是一段疯狂的旅程，我不敢说自己对于创业

186

无所不知，却也见识过一些东西。

我也做了很多事情，付出过很多努力。早些年，我不知疲倦地制订商业计划和实施创业构想；我记录下自己的竞争优势，耽迷于制订某项营销计划；我还创建过上百个网站，只不过都是给自己用的。曾几何时，为了优化搜索引擎，我申请了 200 个用作直播网站的域名。

我放弃了 50 多个创业的想法、公司名称以及数以百计的公司商标和设计理念；我写下了数十万字，甚至数百万字的播客文章和书籍；我在脸书上花了大量时间，应该也算上网成瘾了；我还花了数百美元在自动优化搜索引擎软件和推特自动追踪软件上，多年坚持发布帖子，并尝试增加我在 Instagram 上的粉丝数量，甚至尝试扩大我的 1.7 万名邮件客户群（最近我删除了这份邮件列表）。

　　我参加过创业论坛、各种活动和聚会，我做过几百次播客访谈，还上过几百次各种类型媒体，其他尝试和失败的次数也超过了数百次。

　　我从没有停下脚步，思考这种"工作"对我到底有多大用处。

　　我是创业领域的活跃分子，尤其是在创业新手当中。所以，我看到创业者们每天在做同样的事情。他们要不断回答一系列的问题，比如：我该怎样给我的公司起名？我怎么才能在 Instagram 上获得更多粉丝？用户更喜欢哪种商标？我在谷歌上的排名是多少？等等。

　　在我已经完成的所有工作、我想到的所有创意以及我创立的所有企业当中，只有两件事情是成功的。其中一件是我创立了一家为 WordPress 提供支持服务的公司，向那些要交固定月租的网站创始人提供无限支持。这种服务当时在全球属于首创，所以它得以成功。另一件事则是我和朋友共同创立了一家啤酒酿造企业。

两次依靠优秀产品创业的行为改变了我的生活，扭转了我不成功的创业生涯；除此之外，其他事情几乎都不重要。

为了写这本书以及兴趣使然，我研究了脸书的一个群组，并提炼出我看到的五大问题：

1. 在脸书上，哪些内容阅读量更高，页面还是群组？

2. 我应该使用哪种会计软件？

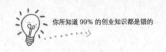

3. 你的企业用哪种免费或廉价的方式来管理潜在客户？

4. 我应该用什么软件来开发票？

5. 我怎样才能找到关于理财的更多信息，有人知道吗？

我敢保证，我可以连续滚动网页几个小时，发现更多类似问题：哪种商标设计更好？哪个公司名更好？如何在领英上获得潜在客户？我应该上脸书还是Instagram？我如何才能提升公司在谷歌上的排名？我应该选哪种颜色？

这些所谓的"创业者"是一群想寻求别人认可的人，这真让我觉得烦心。针对上述所有问题，我的答案就是：

这根本不重要！

所有这些问题都与我设想中这些创业者所面临的问题无关，而唯一会对他们的企业发展轨迹造成重大影响的问题就是：如何开发一款伟大的产品。

优步并没有因为选择了合适的开发票软件而大获成功。它之所以能够兴起，是因为数百万人对糟糕的出租车服务感到心灰意冷，而优步可以提供更便宜、更可靠、更高效、更优雅的租车服务。

奈飞并不是因为它有一个更好看的公司商标而取代百视达（Blockbuster）。奈飞的商标只是由几个红色的英文字母组成，毫无设计感可言。它之所以能获得成功，是因为它提供了一款更方便、更吸引人、更廉价、更高质量的优秀产品。

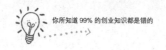

　　这个道理也同样适用于规模较小的公司。我经营了一家公司 7 年，但每年都节节败退。我拥有数百个网站，还有至少五六个品牌。这都不重要。那家公司之所以倒闭，是因为它的产品很差劲。我为别人创建网站，这没什么了不起的，我所在城市的其他 1000家公司也做同样的事情。直到我从头开始思考公司经营模式，并想出了提供无限支持的创意之后，我才在一夜之间拥有了一款更优秀的产品。这款产品有趣且安全（类似于保险产品），而且没有其他人这样做。该产品简单、可扩展，开始受到媒体关注，最终大获成功。事后看来，公司名称没有任何意义，公司商标也没有任何意义。公司之所以能成长起来，是因为它拥有一款伟大的产品，客户对它赞不绝口。

　　回顾历史，你会发现，每一家成功的企业都拥有这一共同点。然而，如今我们拥有世界上最先进的技术，却没有人想用它来生产一款伟大的产品，他们只想在 Instagram 上获得更多的"赞"。

没有任何一家企业的倒闭是因为使用了 QuickBooks 而不是 Xero，或者因为选择了错误的免费客户关系管理软件，又或者因为他们选择了公司商标 A 而不是商标 B。倘若你的企业没有飞速发展，原因就在于你的产品不够好，仅此而已。

产品不够有趣、不够便宜、不够与众不同、不够实用，它不能为足够多的人解决足够大的问题，或者就是不够好。

要专注于为客户制造更好的产品，任何令你分心的问题都不重要。

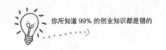

从事创业的多年时间里，我时常发现自己创业的原因不是我应该创业，而是我有能力创业。

最明显的两个例子就是出售内容（比如在线课程）和会员资格。多年来，我是互联网营销群体中的活跃分子，并且很仰慕这种类型的创业者。我反复告诉自己，如果不出售高水平在线课程或会员资格，我就会失去赚钱的机会。因此，我多次开设这样的课程或出售会员资格。这并不是因为我看到了一个极佳商机，可以向人们提供一些与众不同的产品或创立一家高速增长和极具潜力的企业，而是因为它看上去是一种赚快钱的方式，而如果我不着手做这些事情，仿佛就会失去发财良机。

但是，所有这些项目都失败了。失败之处并不
在于它们没有赚钱，我已经靠开设课程和出售会员资
格赚到了数十万美元。但我之所以说它们失败，是因
为它们最终没有变成一家高增长和有价值的企业或品
牌；而我在它们上面投入的时间也没有得到合理回报。
事后看来，失败的原因显而易见。它们只是普通的课
程，属于一个极度饱和的细分市场，客户对它们的兴
趣稍纵即逝。

现在，我不再出售内容，也不出售付费会员资格，
我只提供免费的内容和免费会员资格。实际上，当我
意识到自己提供的产品对他们来说价值不高，而且我
也没有足够兴趣把它当作一门生意来做时，我便取消
了所有付费会员订阅服务。我写的书是唯一例外。我
很乐意将这些书免费赠送给大家，但我也希望自己的
著作出现在主流的亚马逊书店里（这样就会有更多的
人看到它们），所以不得不收费。

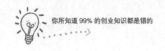

　　如果你像我以前一样关注很多网络营销专家，可能会在他们的怂恿下创立一家专门出售网络课程和会员资格的企业。如果你想做这门生意，那倒也无妨。但对我来说，创业精神总是与"做大事"相关联的。创业要承担所有风险，需要艰苦奋斗；如果只是为了获得比平均工资高一些的收入，并且能够在家上班，我看不出来这样做有什么价值。

　　对我来说，直接出售内容让我失去了做大事的机会。我从不认同这种做法，因为如果人们知道他们能够免费获得某些东西的话，就不想为这些东西花钱。如此一来，合法的商业经营活动顿时变成了慈善活动。

　　即使像地方报刊这种以内容出版作为主业的企业，仍然没有解决如何收费这一难题。推特的收费模式是用户每点击第五个链接，就会自动转到付费专区，如此做法似乎不太符合当今社会内容共享的精神。

对我来说，内容是市场营销的完美工具，而非产品本身。如果你要出售内容，我估计你并不知道如何把内容变成优秀企业的有效营销手段。

我在 2015 年出版了一本书，叫《内容的力量》（*Content Machine*）。在这本书中，我将内容营销定义为：

"发布一些有趣的内容，吸引人们对某家企业的关注，并建立信任感。"

我还介绍了"货币化逻辑"这一概念。货币化逻辑的意思就是：在你所提供的流行内容和人们可以花钱购买的某种产品或服务之间，是否存在一种纯粹的关联？换言之，人们消化你提供的内容后再继续购买产品或服务的做法是否合理？

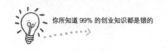

再进一步讲，那些产品或服务能否被打造成一个高增长和有价值的品牌？

这才是重点。免费赠送高价值内容的目的就是吸引大众关注一个高速成长、高价值的品牌。

请抑制住赚快钱的冲动。不赚快钱则意味着你的内容更有价值，你的可信度会更高。

借助内容打造一家像样的企业。价值 200 美元的在线课程能够产生短期销售业绩，但与塑造一个真正有价值品牌相比，这点钱显得微不足道。

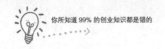

　　我最近参加了一个商业活动。在活动现场，主持
人先宣布各个奖项的获得者名单，然后每一位获奖者
在舞台上接受简短采访。

　　为了给观众留下深刻的印象，活动主持人问了获
奖者几个关于创业的问题，成功吸引了观众的注意。

　　当"最具影响力奖"获奖者登台领奖时，主持人
问她用什么方法在 Instagram 上收获了数百万名粉丝。

　　当"营销机构奖"获奖者上台领奖时，主持人问
他计划何时在纽约和伦敦增设办事处。

当"零售奖"获奖者领奖时，主持人问她如何能够在 3 年时间内将员工人数从 0 增加到 800 名。

获奖者往往会说"放手去做""给自己鼓劲"和"做你自己"之类的陈词滥调，而观众则全盘接受这些答案。

很明显，每家企业都有一个他们注重的指标，这个指标要么能够让他们产生自豪感和成就感，要么就是一个能够证明目标正在达成的数字。

我心想，这有点愚蠢。我的意思是：首先，我创立了一家七位数营收级别的公司，而这家公司几乎没有出现在社交媒体上，所以我对粉丝数量不太感兴趣。我不想在海外设立办事处，我喜欢离家近一点，况且澳大利亚就有无数的机会，所以海外办事处的数量对我来说意义不大。至于说公司拥有 800 名员工，去他

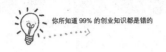

的吧！我们公司有 15 名员工，管理这个团队已经让我忙得不可开交了！（顺便说一句：我爱我的团队，所以，倘若某位员工看到这部分内容的话，我想说你非常优秀。）

但事实上，我对这个想法感到内疚，理由就在上一段的第一句话中。你看懂了吗？我创立了一家"七位数营收级别的公司"，自豪感满满的我竟然把这句话用作我一本书的副标题！

我总是痴迷于营收金额。看了《思考致富》（*Think and Grow Rich*）这本书后，我给自己树立了第一个创业目标，那就是创立一家六位数营收的企业。这个目标实现后，接下来的目标则是创立七位数营收的企业；我甚至每个月都会在收入报告中公布我的收入状况。既然我已经创立了一家七位数营收的企业和另一家同样是七位数营收的企业，那我的下一个目标自然就是创立一家八位数营收的企业。我在想，在创立一家八位数营收的企业之后，我的下一个崇高目标又是什么。等等，我知道，当然是创立一家九位数营收的企业！

我想说的是，我也和别人一样痴迷于那些毫无意义、胡乱选择的虚荣指标，并且自我感觉良好，这让我感到很内疚。这些年来，我关注过很多虚荣指标，比如社交媒体粉丝的数量、客户数量以及每月访问网站的人数；我甚至曾为自己的 Klout 评分数达到 57 分而惊叹！（如果你不知道 Klout 是什么，那就别去查了；而如果你知道 Klout 是什么，请不要告诉别人是我说的。）

现在，我已经放弃了大部分的这些虚荣指标。

今年年初，我放弃了自己最喜爱的虚荣指标之一：我的电子邮件订阅者人数。这份名单包含 15000 多位

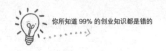

聪明的创业者，我曾把它粘贴在我的网站上。后来，我对个人品牌进行了自我检讨，并决定把注意力更多地放在黑啤酒花酿造公司上。我决定删除那份名单。我给名单上的订阅者发邮件，向他们解释说我正在更换供应商，他们可以选择一个新的邮件服务商。在这 15000 人当中，约有 1500 人决定选择加入 MailChimp 的新名单，这使我的电子邮件自动回复费用从每年 4000 美元左右下降到 0 美元。我发出的第一封邮件收到了 50 多个回复，比我两年前发的任何一封邮件收到的回复都多。

我如此看重的一样事物，其实一直以来都是毫无意义的。

所以说，这些指标毫无意义。更确切地讲，这些数字背后根本没有任何内在价值，除非你决定赋予它们意义。它们只是创业者们自认为有重要意义的东西而已。

社交媒体上有影响力的人几乎都赚不到钱，因
为他们痴迷于那些毫无意义的统计数据，比如自己拥
有多少粉丝。倘若一家公司的老板执着于在纽约拥有
一间办公室，他大概不会知道自己雇了多少员工；
而一家拥有 800 名员工的零售企业，可能不知道它在
Instagram 上有多少粉丝，因为对那些人来说，上述数
字都毫无意义。

只有对在社交媒体上有影响力的人来说，粉丝数
量才最重要，因为他们认为它很重要。有个位于纽约
的办事处对于公司老板来说很重要，因为他认为这很
重要。员工数量对零售企业很重要，因为它认为这很
重要。出于各种理由，这些创业者决定赋予这些数字
意义，可能是因为在他们的圈子里，这些数字听起来
最令人印象深刻，也是其他人所看重的。

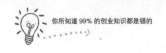

你选择了哪些虚荣标准?

也许换个问法更恰当些: 如果你拒绝赋予这些虚荣指标任何意义, 并选择了一个具有实际意义的指标, 将会发生什么情况?

当某个统计数据让你感到温暖且感动时, 你可能会错过适合企业做的一些事情。企业是一种能够把很多事情做好的载体。

如果让你随心所欲去做你喜欢做的事情, 将会是怎样一种情形? 你会评估自己是否是一个好雇主吗? 你会对公司可观的员工数量感到兴奋吗?

你的时间会很灵活吗? 你的企业是否允许你每天只工作 6 个小时, 然后把剩余时间花在兴趣爱好上, 做一个更好的配偶、父母或朋友? 又或者, 在家人团聚的时候，你是否会为了多收获一些 Instagram 粉丝而频繁看手机？

你会创造财富来交税、为民众和弱势群体提供服务吗？你是否会为自己缴了多少税而庆贺？想象一下，如果你赢得了某个奖项，主持人说："今年，你们缴了 40 万美元的税。这是个多么了不起的成绩！请告诉我们，你们打算明年多缴多少税？"

人们往往不会庆贺自己和其他人从生意中获得的实际合法利益。相反，当他们的社交媒体粉丝数量上升或年度营业收入目标得以实现时，他们才会欢呼雀跃。

忘记你的虚荣指标吧。回归初心，想想你创业的初衷是什么，以及它如何才能真正对你和其他人产生价值。好好思量一下吧。

追求不幸福

我不得不假设一件事：如果你正在看这本书，并且从头看到尾，这说明你对自身现状不是很满意。也许你是创业新手，想体验成功创业者的感觉；也许你已经取得了一些成就，但仍崇拜其他知名创业者，希望能提升自己的水平。我想，你可能希望听到鼓励的话，如果是这样的话，我真的要说抱歉了。

无论你处于哪个阶段，除非你白手起家并创立了一家八位数营收的公司，否则的话，我很可能和你有相同的经历。

我记得，多年来我一直在追寻成功，仿佛成功具有某种魔力，能够改变游戏的格局。我不仅期望它会改变我的日常生活，还会改变我自己，改变我对世界的看法，并改变我与世界互动的方式。我认为，创业精神具备那种吸引力，它可以引发巨大变化，这很好，但它不会改变一切。

当我卖掉上一家公司 WP Curve 之后，有那么一两个月时间，我感觉特别不真实。卖公司的钱还没有转入我的账户，我仍然不确定这笔交易是否会达成。对 GoDaddy 来说，它要支付的金额犹如九牛一毛，但对我来说，这可是一大笔钱！

在转让公司的前一天晚上，我的联合创始人亚历克斯（Alex）告诉我，交易将于第二天完成。第二天，我变得坐立不安，这种心情可以理解。那天我在一家购物中心不断滚动刷新账户金额，终于看到金额发生了变化。当天我刷新了好几百次账户，所以，我对交易失败的恐惧感和交易成功的兴奋感已基本消失。我

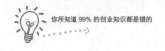

打算起身去见我的朋友，在这之前又刷新了一次账户。当数据重新加载的时候，金额终于变了，账户不再是零。钱汇过来了，交易完成，这一切都是真的。

我不能透露这笔交易的金额，因为我与买家签署了一份保密协议，但有一件事是可以说的：以今天的财富标准来看，这笔钱并不多，但对于在洛根（Logan）长大的我而言，这笔钱远远了超出我的想象，我从未想过我的银行账户会有这么多钱，可看到它出现在我的手机银行应用程序上，我顿时相信了。

那是我的人生巅峰，我变成富豪了！我过一段时间才缓过神来。如今是社交媒体时代，我想把账户金额截图下来，分享给朋友们。但我不能那样做，这种自吹自擂的做法会引起不必要的关注（同时也会违反保密协议）。另外，这种做法让人觉得我很不要脸。当你赚不到钱的时候，你可以分享自己的收入报表，可当你赚到钱的时候，这样做就只是在自我炫耀了。

那是个奇怪的时刻，也是一个重要且令人难忘的时刻。

但那一刻转瞬即逝。

公司被卖掉后，现实问题来了。我下一步该怎么办？我要拿手里的钱去做些什么？我有过一些大胆的想法，比如创立一家电动汽车公司和软件公司，做些更加有趣的事情；又或者，我干脆就把这笔钱花掉，在经历了近10年的残酷创业历程之后，体验一把不为钱发愁的感觉。

我考虑过收购一家现有的公司，或者成为投资人。我反复斟酌了所有这些选项，在花了不少钱享乐之后，我最终还是放弃了这些想法。在卖掉公司之前，我以

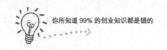

每周 540 美元的价格在全球风景最优美的市郊之一、澳大利亚黄金海岸(Gold Coast)的美人鱼海滩(Mermaid Beach) 租了一套公寓。我还在同一处地方购买了一幢别墅，那里距离海滩只有几幢房屋的距离，是我梦寐以求的地方。我没能力付全款，所以只支付了大部分房款，然后借了一部分抵押贷款，还款额恰好为每周 540 美元。

颇具讽刺意味的是，我的财务状况和以前完全一样。当然，我现在拥有固定资产了，但从消极的角度来看，我失去了一家能够给我提供不菲薪水的企业。这个现实让我意识到，下个星期的状况会和这个星期差不多。

没想到吧？我的幸福程度并没有改变太多。我现在也同样遇到了难题，而在大多数稍微了解来龙去脉的人看来，它们都不是真正的难题。但是，我仍然觉

得它们和以前的问题差不多。日复一日，我有干不完
的事情，解决不完的难题。有些事情很容易做，有些
事情则很难。

　　从逻辑上讲，你之所以投身创业当中，是因为你
对自身现状并不百分之百地满意，而你想改善当前处
境，达到令自己满意的程度。

　　我知道自己就是这种情况。我觉得自己不是个普
通人，我想得到更多，过上一种截然不同的生活，为
自己创造一些伟大的事物。但我认为，无论最终创造
出什么，我都会觉得快乐。

　　人类最不擅长的事情就是让自己快乐。有个人叫
丹·吉尔伯特（Dan Gilbert），他的 TED 演讲（和他
出的书）就谈过这个主题，值得一看。吉尔伯特在各
大高校做过试验，试验结果表明，尽管学生们被给予

了足够多的选择，但他们最终还是会做出导致自己不快乐的决定。他们认为某些选择会带来快乐，可实际上并非如此。事实证明，我们人类非常善于想象未来，只不过我们不擅长精确地想象未来。

两年前，我把自己的企业卖给了世界上最大的互联网公司之一。而在那之前的几年里，我距离彻底破产、失业和找工作就只差两周时间。你可能觉得，我那时候肯定幸福感爆棚，但你猜怎么着？我并没有感到幸福。

事实上，卖掉一家公司之后，我只是朝创立另一家公司迈进了一步。我非常喜欢现在的公司，但它也充满了挑战性，给我很大压力，非常艰苦——在创立一家伟大企业的过程中，所有这些东西都是不可避免的。

　　无所事事、到处花钱，或者周游世界，这样的想法对我没有什么吸引力。我可以百分之百肯定地说，如果我选择那样做，我会更加不快乐，因为事实证明人们喜欢工作。

　　现在，我想在一家五金店买点东西，我的信用卡被拒付了。我经常想起自己还有多少钱，时常觉得压力很大。我经常在想：如果这样做不管用，会有什么后果？

　　我曾经想过：一旦我成功了，我会成为怎么样的人？然而，如今的我离想象中的自己还差得远。我想象自己会变得富有、快乐和有成就，就像你在媒体上看到的成功创业者那样。

　　但现在的我并非如此。而且说实话，这些对我的吸引力并不是那么大。我是个创业者，这个事实让我

心存感恩，但我也很现实。

创业并不容易，它是一场永不休止的赌博和忙碌。

这本书谈论的是那些寻求外部认可的创业者，而这种现象最让我担心的就是创业者对幸福感的不懈追求。他们希望现在做出的牺牲能换来更美好的未来。

创业是一个挣扎求生的过程。遗憾的是，这种挣扎会一直持续下去。你的成功程度无法决定挣扎的程度。从许多方面来说，你越成功，承担的风险就越大，就会越来越挣扎。

让我们看一看《60分钟》（60 Minutes）节目对埃隆·马斯克的采访。马斯克哽咽着回忆道，为了创立太空探索技术公司和特斯拉公司，他几乎失去了一切。当时他刚刚以 1.65 亿美元的价格卖掉了自己的公司。

在创业圈浸淫了 12 年半之后，我经常在想：我为什么要创业？我们为什么要创业？难道我们疯了吗？可能吧。

我可以告诉你一件事："成功"的创业者和挣扎求生的创业者之间区别并不大。挣扎是持续存在的，所以不要把所有的鸡蛋都放在未来的篮子里。如果你指望将来某个时刻幸福突然降临，也许会事不遂人愿。

最理想的情形就是你有所成就，因此也拥有更多选择权，比如：你可以将资金投向更多地方，可以获得更多资产，更多公司需要你的投资，更多朋友得到你的支持。诸如此类，不胜枚举。最重要的是，你仍然保持了自我，这才是最大的惊喜。如果你期望把生命奉献给创业，并最终变成另一个人，那你就大错特错了。无论你多么成功、多么富有，或者移植了多少头发，你依旧要保持自我。

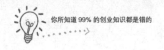

这不一定是坏事。你现在就有充分的理由感到幸福、心怀感激和有成就感。你不需要靠一些外部指标来寻找这些感觉。

现在就要快乐起来，现在就要心怀感激。无论成功与否，你永远都是你自己。

答案是什么？

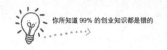

我希望你喜欢这本书和书中的建议。建议的最大问题在于，对于绝大多数建议而言，其对立面也同样令人信服，甚至更加有说服力。

客户很少是正确的，绝大多数客户是无知的。

无论别人给你的建议多么有说服力，都不要相信那些话。成功的创业者大多忙于工作，你要学会自己思考。

有时候你会遇到挫折，这也没什么，大不了放弃，继续尝试别的东西，但不要沉迷其中。如果事情做对了，那就成功了。把注意力集中在做得好的事情上，创业其实很简单。

对一切持质疑态度。经常给你提建议的创业大师没有问题的答案，我也没有答案，而且你可能也没有答案。但是，你是最应该去亲身尝试的人。你不需要别人的认可。如果你觉得一定要获得别人的认可，这本书就是给你的认可。

不要掉入思维陷阱，把你的创业思路束缚在某个科学方程式上面。如果你的思路成功了，你就会知道答案，而无须咨询别人。如果你不得不咨询别人，那就说明你的思路行不通。

不要盲目接受建议，成功没有模板。有时候，提价是正确举措，有时候则不是，永远要权衡两者的利弊。有时候，专注于盈利是明智的做法，有时候则不是。有时候，引入投资人是你做过的最正确的选择，

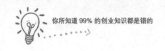

而有时候则适得其反。如果寻找细分市场的做法成功了，那很好；如果没有成功，那就把眼光投向更广阔的市场。如果有针对性的营销策略成功了，那恭喜你；如果没有成功，就要敢于为大众创造内容。

你是企业的终极决策机器。要接受不同想法，给这台机器补充燃料，这才是最有意义的做法。

设计、故事和品牌都很重要，但你的网友无法回答所有关于设计的问题。我们不能贬低设计的地位，在脸书上要求网友们挑选自己最喜欢的设计版本。设计是你最重要的职责，务必要认真对待。

不要嫉妒别人失败。失败是件痛苦的事情，一点都不好玩，而且不应该颂扬失败。不管怎样，你可以继续尝试，但不要故意失败。成功才是终极目标。

创业是一项冒险的事业，如果你不愿意冒险，就不要参与创业。但请记住，承担了风险，就有可能收获颇丰。如果没有收获，那冒险还有什么意义?

你无法"创造"运气。有时候你会时来运转，有时候却时运不济，接受这个事实吧。如果你走运了，请保持谦卑和感恩之心；如果不走运，请继续抱以希望。

别把摊子铺得太大。除非你觉得自己事事都能做好，否则切勿无所不为。请记住，无论你把事情做得多好，吸引力都胜过质量，不要低估吸引力。

不要给自己施加压力和焦虑感。你可以适时地走出自己的舒适区。但在大多数情况下，你最好留在自己的舒适区里，做你喜欢和擅长做的事情。

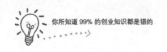

向你内心根深蒂固的虚荣指标发起挑战，寻找更有意义的指标。不要拼命追逐金钱。如果你有足够的机会和运气的话，去创造一些伟大的事物吧。

本书论及的原则对我很有用。它们可能适合你，也可能不适合你。对我而言，最有用的原则莫过于从一名创业精神的学徒向一名真正的创业者转变。那些拥有自己的企业，却渴望从商业领袖、专家或名人那里寻求建议和认可的人都是学徒。

按照默认定义，创业精神就是扮演领导者的角色，所以我鼓励你成为领导者，而不是追随者。

不要崇拜未来的自己，一切都会改变。如果现在的你身心健康快乐，你就是富有的。未来的你年纪见长，压力加大，身体也日益衰老；虽然银行里的存款多了，却没什么值得崇拜的。

你有机会成为创业者，尝试新事物，承担风险，影响世界发展，这是件了不起的事情。当下有很多事情值得高兴，也值得感恩。

如果你还没猜到答案的话，我得告诉你：创业没有答案，现在是时候停止寻找答案了。